J新書 07

国際恋愛の鉄則55
男と女の LOVE×LOVE 英会話

稲垣 收
Inagaki Shu

Jリサーチ出版

はじめに
国際恋愛のススメ

　ベルリンの壁崩壊から、はや四半世紀。東西冷戦は遠い過去のものとなり、私たち日本人にとって、行くことができない国は、ほとんどなくなりました。
　また、ハリウッド映画でもジャッキー・チェンやジェット・リーらアジア系の俳優がふつうに活躍し、『ラスト・サムライ』の渡辺謙や小雪のように、日本人俳優にも人気が集まってきています。でもこれは、以前には考えられないことでした。
　たとえば70年代にアジア系として初の世界的スターになったブルース・リーは、まずTVシリーズ『グリーン・ホーネット』で主人公の助手でカンフーの達人として出演して人気が出たものの、彼が企画を立てて自ら主演しようとしたTVシリーズ『燃えよ！　カンフー』では、アジア人である彼の主演が却下され、かわりに白人（後に『キル・ビル』でビル役をするデビド・キャラダイン）が主役を演じましたし、リーの主演作『燃えよドラゴン』がアメリカをはじめ世界中で大ヒットしたのは、本人の死後でした。
　ハリウッド映画に登場する日本人も、以前はひどいステレオタイプばかりでした。たとえば『ティファニーで朝食を』では、オードリー・ヘップバーン扮するヒロインが住むアパートメント・ビルの一室に住んでいる日本人を、白人がメイクして演じ、チビで近眼でカメラが大好きなブ男として描かれて

いました。
　しかし、そうした"醜い日本人"のイメージも、ここに来て大きく変ってきているのです。

日本人はモテる!?

　今、日本人が以前に比べ、世界でグンとモテるようになってきています。
　まず、日本人女性に関しては、外国人の間で昔から幻想があります。小柄でかわいらしく、働き者で、従順で文句を言わず…というような、これもまたステレオタイプなのですが、そのせいか「奥さんにするなら日本人が一番」と信じている男性が世界には多く、日本女性は実際、モテます。
　昔から欧米のジョークに「天国では、アメリカ人の家に住み、警官はイギリス人、エンジニアはドイツ人、会計士がスイス人で、コックはフランス人、恋人はイタリア人、そして奥さんは日本人」というのがあります。いっぽう「地獄では、日本人の家に住み、警官がドイツ人で、エンジニアがフランス人、会計士がイタリア人で、コックがイギリス人、恋人はスイス人で、奥さんはアメリカ人」というもの。何となく言いえて妙な気がして面白いですね。
　このジョークの「恋人」欄などは、違うバージョンがいくつかあるようですが「天国では奥さんは日本人」という点では共通しています。
　また、アジア各国やイラン、エジプトなどでは、80年代に日本で大ヒットしたNHKドラマ『おしん』が、90年代、あるいは21世紀になっても再放送されて大人気を呼び、「おしんこそ理想の女性だ」という男性が非常に多いそうです。これも日本女性に対する誤ったステレオタイプではあるの

ですが、ともかく日本女性はモテモテです。

国が変れば美醜の価値観も変わる

　たとえば、私の後輩の女性は、日本では「彼氏いない歴＝年齢」という具合で、生まれてこの方まったく恋人ができなかったのですが、アメリカに留学したとたんモテモテになり、同じく留学していた南米出身の超イケメン・サッカー選手と結婚しました。また、私の知り合いの女性カメラマンは、学生時代に柔道をしていたことがあり、そのガッシリした体格のせいか「日本では男が怖がって近寄って来ないのよ」と嘆いていました。ですが、インドやイラン、中東諸国やアフリカを旅したら、どこに行ってもモテまくり、結局某国の王室関係の男性と結ばれました。

　私の知人のあるアメリカ人格闘家は、すごいハンサムだし、女の子など、それこそよりどりみどりなのに、あまりパッとしない風貌の日本人女性と、もう10年以上付き合っています。彼は今でも彼女に夢中で、2人は超ラブラブカップルです。

　かくいう私自身も、日本人には大してモテた覚えがありませんが、アメリカやカナダ、オーストラリア、フランス、ドイツ、ロシア、グルジア、中国、タイなど、さまざまな国で意外なモテぶりを経験し、これまで20数カ国の女性と付き合い、4カ国の女性と一緒に暮らしたことがあります。

　こうした日本人の不思議ともいうべきモテぶりの背景には、日本に対する憧れもあるでしょう。「小さな国なのに、ソニーやホンダ、トヨタなど、高性能なエレクトロニクス製品やバイク、クルマなどを開発して経済大国に

なった働き者の国」という日本に対するリスペクト。加えて、スシなどに代表されるヘルシーな日本食の世界的なブーム（たとえばモスクワには今、スシバーが千軒以上あると言われています）。『ラスト・サムライ』や昔の『ショーグン』など、日本を舞台にした映画や小説によるサムライやニンジャ、キモノの美女などのエキゾチックなイメージ。さらに日本発のファッションや、村上春樹や北野武など世界中で大人気の日本文学や映画、ジブリのアニメ等の影響——そうしたもろもろが、日本人が世界でモテるようになった要因を形成しているのでしょう。

　また、美醜の基準は国によって違う、ということも大きいです。日本では美女と見られない人が、外国ではすごい美女扱いを受けたり、日本ではイケメンでなくお笑い系の顔が、外国の女性には大ウケだったり——こういうことが、実はよくあるのです。

　実名は挙げませんが、外国の有名人と結婚したり付き合ったりした日本女性の顔を思い浮かべてください。必ずしも皆が皆、日本でいう"美人"ではないですよね？

　男性もそうです。たとえば『チャーリーズ・エンジェル』の女優、ドリュー・バリモアが来日した際、バラエティー番組で日本の芸能人の顔写真を見せられて「誰が一番好みか？」とたずねられ、彼女はいわゆるイケメン・スターには目もくれず、お笑い芸人の出川哲朗を選んだのです。しかも、彼女は彼の顔がそうとう気に入ったらしく、「デガワにぜひ直接会いたい」と番組を途中で抜け出して会いに行ってしまったほどでした。

　私自身の例を出すと、オーストラリア人の美女と同棲していたとき、彼女に毎日、

You are very handsome!（あなたって、とってもハンサム）

などと言われていい気になっていたのですが、後に、驚くべき真実が発覚し、ガクゼンとした経験があります。

ある日私がパソコンに向かって原稿を書いていると、隣の部屋でテレビを見ていた彼女が、

Wow! This guy is really handsome!　Very beautiful face!
（ワ〜オ！　この人すっごいハンサム！　すっごい美形だわ！）

などと叫んでいたわけです。そこで、どれどれ、と思って見に行ってみると、画面に映っていたのはなんと、所ジョージでした……。

所ジョージは確かに人気芸能人ですが、彼を「ハンサム」とか「美形」と呼ぶ日本人は、多くないのではないでしょうか？

かくして、私の愚かなウヌボレはアッサリと崩れ去ったのですが、この体験で、ある真実がハッキリしました。それは「国が変れば価値観も変わり、美醜の基準も違う」ということです。たとえば、私が以前つきあっていたドイツ人女性はキムタクが苦手で「なんでこんな女みたいな顔の人が人気なのか全然わからない」と首をひねっていました。

つまり、日本でモテたことがない人にも、外国では大いにチャンスがある、ということなのです。

言葉の壁を飛び超えよう！

ただ、残念なことに、日本人にはあいかわらず英語をはじめ外国語が苦手な人が多く、せっかく外国の異性と付き合うチャンスがあっても、むざむざ

逃しているケースが少なくありません。また、付き合ってみたものの、言葉の壁に阻まれて、長続きしないケースも多々あります。

　そこでこの本では、そうした言葉の壁を超えて外国の異性と仲良くなるための会話フレーズや役に立つ表現、そして外国の異性と付き合う際の心がまえなどを、シチュエーションごとに紹介しています。

　世界はますますボーダーレスになり、いろいろな人たちが国境を超えて行きかい、交流する時代になっています。恋愛だって、なにも相手を日本人だけに限定しなくてもいいのではないでしょうか？

　もちろん、生まれた場所や、言語も文化も違う外国の人と付き合うことは、いろいろストレスもありますし、誤解や衝突も出てくるでしょう。ときには"家庭内国際紛争"と呼びたくなるような事態に発展するかもしれません。しかし同じ日本人同士でも、価値観や性格の違いによるケンカや別れは多々ありますし、逆に、違う価値観や社会背景の下で育った外国の人と共感できることが見つかったり、愛情や友情を深めていくことができれば、それはもう、とてもエキサイティングでアメージングな体験です。

　さあ、勇気を出して世界に飛び出してみましょう。あなたの運命の相手が、地球のどこかで待っているかもしれませんよ。そしてもし、その恋に終わりがきたとしても、思い出は永遠に残るでしょう。

　読者の皆さんが本書を大いに活用して外国の異性とさまざまなレベルで交流し、ひいては日本と世界の国々との距離が縮まる一助になれば、著者としてとても嬉しく思います。

稲垣　收

はじめに ……………… 2
本書の利用法 ……………10

＊ SCENE 1 ＊
出会い …………………………………………………………11
きっかけの英語／声をかける英語／ほめる英語
実践アタック！ 〜聴く！効く！恋愛英会話〜……18

＊ SCENE 2 ＊
アプローチ ……………………………………………………21
話しかける英語①〜③／フライト中の英語／喜ばれる英語
／もりあげトピック
実践アタック！ 〜聴く！効く！恋愛英会話〜……35

＊ SCENE 3 ＊
デート …………………………………………………………39
誘う英語／段取る英語①②／提案する英語①②／食事に誘う英語
／喜んで受ける英語／やんわり断る英語／キッパリ拒否する英語
実践アタック！ 〜聴く！効く！恋愛英会話〜……60

＊ SCENE 4 ＊
告白・おつきあい ……………………………………………69
告白する英語／よりみちコラム1／お返事する英語
／よりみちコラム2
実践アタック！ 〜聴く！効く！恋愛英会話〜……78

＊ SCENE 5 ＊
遠距離恋愛 ……………………………………………………79
遠距離恋愛の英語①／よりみちコラム3／遠距離恋愛の英語②③
実践アタック！ 〜聴く！効く！恋愛英会話〜……87

＊ SCENE 6 ＊
別れ話 …………………………………………………………89
別れの英語①②／ヨリを戻す英語
実践アタック！ 〜聴く！効く！恋愛英会話〜……100

CONTENTS

* SCENE 7 *
浮気 103
問いつめる英語／誤解をとく英語／浮気を謝る英語
実践アタック！ ～聴く！効く！恋愛英会話～……111

* SCENE 8 *
同棲・プロポーズ 115
同棲提案の英語／同棲する・しない英語／ねばる英語／よりみちコラム 4／プロポーズする英語／保留＆断る英語／よりみちコラム 5
実践アタック！ ～聴く！効く！恋愛英会話～……130

* SCENE 9 *
暮らし 135
料理する英語／家事分担の英語／掃除する英語／洗濯する英語／家族づきあいの英語①②／遠慮する英語
実践アタック！ ～聴く！効く！恋愛英会話～……148

* SCENE 10 *
身体・健康 153
体調に関する英語／症状の英語／気づかう英語／よりみちコラム 6
実践アタック！ ～聴く！効く！恋愛英会話～……161

* SCENE 11 *
ベッドタイム 163
ベッドに誘う英語／ベッドに誘われた英語／セーフセックスの英語／避妊する英語／性的リクエストの英語／挿入してほしい英語
実践アタック！ ～聴く！効く！恋愛英会話～……176

* SCENE 12 *
妊娠・出産 179
家族計画の英語／妊娠した英語①②／喜び報告の英語
実践アタック！ ～聴く！効く！恋愛英会話～……188

おわりに ……191

■本書の利用法■

本書は、外国人の異性とコミュニケーションを取るための、様々なヒントを、「出会い」から「妊娠・出産」にいたるまで、12のシーンに分けて収録しています。

本文では、それぞれのSCENE（シーン）で役に立つ英会話フレーズを、使い方のコツや著者の体験談を交えながら紹介します。

よりみちコラムでは、異文化コミュニケーションだからこそ生じるギャップや、会話以外で重要となってくるトピックについて解説しています。

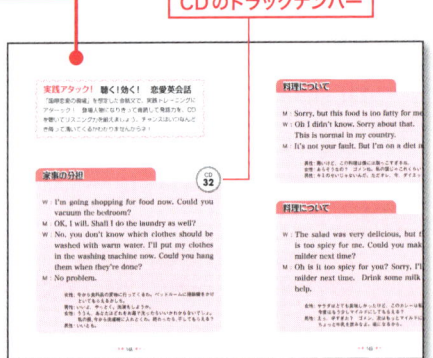

各SCENEの最後には、実際の場面を想定した、リアルな対話文例を収録しました。読んで理解するのはもちろん、CDで音声を聴いたりシャドーイングしたりしてみましょう。音声は、ややゆっくりめのスピードと、ネイティブスピーカーが日常で話すようなナチュラルスピードの2パターンで収録してあります。リエゾンや音の脱落などを聞き比べたり、実際の会話のリズムをつかむのに有効です。

* SCENE 1 *
出会い

「百年の恋」も、もとをたどれば知らない同士の2人。つまり、「あ、いいかも」と感じた瞬間に行動を起こさなければ、あなたの"未来の恋人候補"は、永遠に他人のままである、ということです。
まずはひとつ、勇気を出して、こんなふうに一歩、踏み出してみましょう。

きっかけの英語
声をかける英語
ほめる英語
実践アタック！　〜聴く！効く！恋愛英会話〜

きっかけの英語

Hi! ／ Hello!
やあ！／こんにちは！

❖ 簡単なあいさつが魔法のように相手の心を開く！

　当たり前のことではありますが、国際恋愛も日本人同士の恋愛と同様に、まず最初は「出会い」からスタートします。意外に思うかもしれませんが、外国の人と仲良くなる方が、実は日本人同士が知り合うより簡単なケースも多いんですよ。特にアメリカやカナダ、オーストラリアなど、新大陸出身の人は、初対面の場面において、日本人より他人に対する垣根が低いようです。

　たとえば山登りのときなど、道で出会った人が見ず知らずの人でも「こんにちは」とあいさつしたりしますよね。これは「まわりに人がいない山の中で知らない人と出会った場合、相手が敵意を持っているかどうかを即座に判断することが重要だから」だと言われています。つまり、あいさつをすることで、敵意がないことを示すわけです。開拓時代からの伝統ではないかと思うのですが、新大陸の人たちは山登りに限らず人と出会ったらまず Hi! とか Hello! などと声をかけて笑顔であいさつし、友好的に付き合おうとする場合が多いです。そんなわけでアメリカやオーストラリアを旅行していると、エレベーターなどで一緒になっただけでも、目が合えば、

Hi!（やあ！）

などとあいさつされ、

It's nice weather, isn't it?（いい天気だね）

とか、

How are you?（元気？）

などのような会話へと続いていくことが多いです。新大陸の人だけでなく、ヨーロッパの人も日本人と比べると気軽にあいさつする傾向は強いですね。

　なので、電車内でも、エレベーターでも、飛行機の機内でも、あるいはフィットネスジムでもいいですから、外国の人と目が合ったら、まずは微笑

　んで、気軽に Hi! と声をかけてみましょう。
　そこで相手も Hi! などと返事を返してくれたら、そこから会話を始めることができるのです。この原稿を書いている今日も、都内の電車で目が合った外国人に軽く微笑んでみたら、向こうも微笑んでくれました。みなさんも肩の力を抜いて、気楽にトライしてみましょう。

国際恋愛の
鉄則
1

目が合ったら、目をそらさず微笑むべし！

声をかける英語

Excuse me. Are you a dancer?
すみません。あなたはダンサーですか。

❖ 脱・あいさつどまり

あるとき都内の地下鉄に乗っていると、向かい側に長い栗色の髪をした美しい女性が座っていました。小柄で肌は雪のように白く、ほっそりした長い脚を組んで、ヒザから下を軽くスイングさせています。顔立ちは『ローマの休日』に出ていた頃のオードリー・ヘップバーンのように可憐でした。

目が合ったので私が微笑むと、向こうも少しはにかんだように微笑みを返してくれました。彼女が次の駅で降りようとしたので私も続いて降り、ホームで声をかけました。

Excuse me. Are you a dancer?
（すみません。あなたはダンサーですか）

彼女の返事はノーでしたが、顔には笑みをたたえています。なので、「ホントですか？　動きがとてもエレガントだからダンサーかと思ったんですよ」と伝えると、嬉しそうな顔をしています。ほめられてイヤな気がする人はそれほど多くないですからね。ほめるのは、相手と親しくなるために、とても有効です。

そこで名前を聞いて、こちらも自己紹介し、ちょうど食事時に近かったので、おなかが空いていないかたずねると「ちょうど何か食べたいと思っていたところよ」との返事だったので、食事に誘いました。

食事をしながらいろいろ話をし、次回のデートの約束にこぎつけたのでした。

国際恋愛の
鉄則
2

相手をほめて、「単なるあいさつ」から一歩踏み込め！

ほめる英語

Wow! You have a nice necklace.
わ〜！　素敵なネックレスですね。

❖「ほめる」コツ

　たとえばモデルみたいに美しい人に Are you a model? と聞いて、Yes. と答えが来ると、そこで会話が止まってしまうこともあります。それに向こうもそういう質問には慣れていることも考えられます。どうせだったら効果的な「ほめ」をしたいものです。

　実は、外国の人をほめるときは、日本人をほめる場合と違って気をつけなければいけないことがあります。

　たとえば日本だと昔から「肌が白いは百難隠す」などと言いますし、最近も「美白」ブームですから「肌の白さをほめれば喜ばれるだろう」と思ってしまいがちです。しかし白人女性の場合、肌が白すぎるのを気にしている人もいます（逆にタイなどの南国では日に焼けていない「美白」を誇りとしている女性もけっこういたりしますが……）。

　また、日本女性は鼻が低いのを気にしている人が多いですが、西洋人の女性は鼻が高かったり、長かったりすることを気にしている人もけっこういます。実際、私が以前つきあっていたアメリカ女性は、鼻が高いのをとても気にしていて、鼻骨を削る整形手術を受けてしまったほどです。私から見ると、彼女の鼻は全然おかしくなかったのですが……。そんなこともありますので身体的特徴についての発言は、できれば避けたほうがいいでしょう。

＊　＊　＊

　では、どうやってほめるのが良いのでしょう？

　出会ったばかりの相手をほめるなら、アクセサリーや、服、髪型などをほめておくと無難です。たとえば、

Wow! You have a nice necklace.

（わ〜！　素敵なネックレスですね）

などのように言います。

necklaceの部分をearring（イヤリング）とかsunglasses（サングラス）とか、bracelet（ブレスレット）などと、いろいろ言い換えて使ってみてください。

またcoolなどの表現を使って、

That T-shirt looks really cool.

（そのTシャツ、すごくイカしてますね）

などと言うのもいいでしょう。

coolは「イキな」とか「カッコイイ」という感じで、よく使われる表現です。looksは「見える」。looks coolで「カッコよく見える」ということですね。

こう言った後に、

Where did you get it?

（どこで買ったんですか）

などと続けるのもいいでしょう。

getは「手にいれる」。口語でよく使われます。もちろんbuyと言ってもかまいません。

I like your hairstyle very much.

（あなたのヘアスタイル、すごくいいですね）

などと髪型をほめるのもいいです。I like ～ very muchは「～が大好き」ですが、こう言うことで、相手のセンスのよさをほめているわけです。

他に、たとえば公園などで出会った場合、相手が犬などのペットを連れていたら、

Hey, your dog is really sweet.

（ねえ、あなたの犬、すごくかわいいですね）

など話しかけるのもいいですね。

他にも、たとえば相手の体がとても引き締まった感じだったら、

You look very fit.
(すごく引き締まった体をしてますね)

などと言うのもいいでしょう。

この場合のfitはもともと「健康そう」というような意味ですが、そこから「体が引き締まった」とか「魅力的な」という意味にもなります。こういう言葉でほめられると、男性も女性も嬉しいはずです。(たとえほめるつもりであっても)女性に向かって不用意にYou look sexy.などと言うと、時と相手と場合によってはセクハラ扱いされることもありますが、fitなら問題ないでしょう。

ちなみに、こういう会話のきっかけになるフレーズを、英語ではicebreakerと言います。直訳すると「氷を砕くもの」ですが、ここから転じて、「初対面の人同士にある緊張感を取りのぞくための言葉」という意味を持っています。パーティーなどで出会った初対面の相手に対しても、こうしたicebreakerをうまく使って、打ち解けた会話を楽しみましょう。

国際恋愛の鉄則 3
身体的特徴は、ほめたつもりが逆にマイナスになることもあるので注意！

国際恋愛の鉄則 4
ほめ言葉をicebreakerにして、"心の壁"を溶かしちゃおう！

実践アタック！ 聴く！効く！ 恋愛英会話

「国際恋愛の現場」を想定した会話文で、実践トレーニングにアタック！ 登場人物になりきって音読して発話力を、CDを聴いてリスニング力を鍛えましょう。チャンスはいつなんどき降って湧いてくるかわかりませんからネ！

声をかける

CD **2**

☆Mが日本人☆

M：Excuse me. Are you a dancer?
W：No, I'm not.
M：Oh, really? I thought you were, because the movement of your legs were so elegant.
W：Oh, thank you for the compliment.
M：No, no, I really thought so.

> 男性：すみません。あなたはダンサーですか。
> 女性：いいえ、違います。
> 男性：ホントですか？ あなたの脚の動きがとてもエレガントだったんで、そうかと思ったんです。
> 女性：まあ、お上手ね。（compliment は「お世辞；ほめ言葉」）
> 男性：いやいや、ホントにそう思ったんですよ。

声をかけて、ちょっと会話

☆Wが日本人☆

W: Are you a professional athlete?
M: No... But why?
W: Because you look very fit.
M: Thank you! I just play tennis three times a week, but I'm not a professional player.
W: Oh, you play tennis! I like playing tennis as well.
M: Oh, really?
W: Yes. But I'm not a good player. Could you teach me some time?
M: Of course!

女性：あなたはプロのスポーツ選手ですか
男性：いいえ……でも、どうして？
女性：すごく引き締まった体をしてるから。
男性：ありがとう！　週3回テニスをしてるだけです。でもプロ選手じゃないですよ。
女性：まあ、テニスをするんですか！　私もテニスは好きなんです。
男性：えっ、ホントですか？
女性：ええ。でも、あまりうまくないの。そのうち、教えてもらえます？
男性：もちろん！

Tシャツをほめる

☆Wが日本人☆

W: Your T-shirt looks really cool. Where did you get it?

M: Oh, thank you. I bought it in Hawaii.

W: Oh, Hawaii? Are you from Hawaii?

M: No, I'm from Boston. I went to Hawaii for vacation.

W: I see. I have never been to Boston yet, but I like Hawaii very much.
By the way, I'm Ryoko. May I have your name?

M: I'm Matt. Nice to meet you, Ryoko.

女性：あなたのTシャツすごくステキですね。どこで買ったんですか。
男性：オー、ありがとう。ハワイで買ったんです。
女性：まあ、ハワイ？ あなた、ハワイご出身？
男性：いや、ボストンです。ハワイには休暇でね。
女性：そう。ボストンにはまだ行ったことはないけど、ハワイはとても好きよ。ところで、私はリョーコ。お名前を聞いてもいい？
男性：僕はマット。はじめまして、リョーコ。

＊ SCENE 2 ＊
アプローチ

「こんにちは」「はい、こんにちは」「………」「…で？」
勇気を出して踏み出した一歩が、本当に"一歩"で終わってしまっては、仕方がありません。
せっかくの"恋のきっかけ"を無にしないための、会話のコツや心がまえなどをチェックしていきましょう。

話しかける英語①
話しかける英語②
話しかける英語③
フライト中の英語
喜ばれる英語
もりあげトピック
実践アタック！　〜聴く！効く！恋愛英会話〜

話しかける英語①

May I have your name?
名前を教えてください。

❖ スムースに会話を始める極意

　外国の人と出会ったとき、Where are you from?(どこから来たんですか？)と出身国や出身地をたずねがちですが、相手の名前をたずねる方が、スムースに会話を始めることができる場合があります。

　「どこの国の人なのか」や「どこの出身なのか」を聞くより、「何という名前なのか」を聞くことによって、"相手個人"に対する興味を強く表すことができるので、よりパーソナルな感じがするわけです。

　それに、出身地をたずねるのはありふれた質問なので、相手にしてみれば驚きもないし、日本に住んでいる外国人の場合などは、いつも聞かれてウンザリしていることすらあります。

　しかし名前をたずねられると、
「ああ、国籍じゃなくて、私という人間に興味を持ってくれてるんだな」
　と感じるわけです。つまりこの質問で、相手との距離をグッと縮めることができるかもしれないのです。

　タイのある島のレゲエ・バーで飲んでいたときのこと。カウンターの私のそばにヨーロッパ人らしき女性２人がいたのですが、そこに１人の男性がやってきて、声をかけました。彼は２人のうちのひとりの目をまっすぐ見つめ、「どこから来たの？」と聞くのでなく、いきなり、

May I have your name?

（名前を教えてください）

　とたずねたのです。

　この単刀直入な言い方が気に入ったらしく、相手の女性は目を輝かせて、I'm Linda．（リンダよ）と答えました。それから２人は乾杯し、やがてフロアに出て行って一緒に踊り始めたのです。

♥ SCENE 2 ♥　アプローチ

　どうです？　ただ名前を聞くだけなのに、なかなか使える表現ではありませんか。
　これは、こちらが男性であっても女性であっても使えます。
　また、名前を早めに聞いておいて会話の端々に相手の名前を入れて話すと、親近感が増し、相手との距離が縮まるという効果もあります。

How do you like this, Jane?（ジェーン、これ好き？）

とか、

What do you think about it, Mike?（マイク、それどう思う？）

というような感じですね。

国際恋愛の鉄則 5

出身国でなく名前を聞いて、相手のハートに一気に接近！

話しかける英語②

 # Is that book interesting?
その本、面白いですか。

❖ 距離ちぢめアイテムその１：本

「話しかけるにしても、きっかけが見つからなくて…」と尻込みしてしまうあなた。そんなあなたに、オススメなフレーズを紹介します。

たとえば、電車や飛行機で隣りあった人が熱心に本を読んでいるとしたら、

Excuse me.（すみません）

と、断ってから、こう言ってみましょう。

Is that book interesting?

（その本、面白いですか）

あるいは、著者の名を聞いてもいいですね。

Who is the author of the book?

（その本の著者はだれですか？）

本のカバーが見えて、自分の知っている著者の本なら、

Oh, is it a book by Stephen King?

（あっ、それ、スティーブン・キングの本ですか）

などとたずね、答が Yes. なら、

I like his books a lot.

（彼の本は大好きなんです）

のように続ければ、会話が弾むかもしれないですよ。

キングやディーン・クーンツ、パウロ・コエーリョなど、世界的に人気のある作家の本を、翻訳でもいいので読んでおくと、会話のネタになります。ただし翻訳で読む場合、原題（あるいは英語のタイトル）も覚えておいた方が、話が通じやすいです。

また日本の作家も、村上春樹やよしもとばなな、ちょっと前では三島由紀夫や川端康成などは、英語だけでなく、多くの言語に訳されて世界中で読ま

日本の文学作品タイトルは、英語で言うとどうなるのか？ ちょっと見てみましょう。

◆村上春樹

風の歌を聴け	Hear the Wind Sing	ハードボイルド／ハードラック	Hardboiled & Hardluck
羊をめぐる冒険	A Wild Sheep Chase	◆芥川龍之介：	
世界の終りとハードボイルド・ワンダーランド	Hard-Boiled Wonderland and the End of the World	羅生門	Rashomon
		芋粥	Yam Gruel
ノルウェイの森	Norwegian Wood	蜘蛛の糸	The Spider's Thread
ねじまき鳥クロニクル	The Wind-Up Bird Chronicle	地獄変	Hell Screen
		トロッコ	A Lorry
海辺のカフカ	Kafka on the Shore	◆太宰治：	
◆よしもとばなな		晩年	The Late Years
キッチン	Kitchen	富嶽百景	Several scenery of Mt. Fuji
とかげ	Lizard		
N・P	N.P	走れメロス	Run, Melos!
アムリタ	Amrita	お伽草紙	Fairy Tales
白河夜船	Asleep	人間失格	No Longer Human

れているので、彼らの作品を読んでいると、話が弾むかもしれません。

　それから、日本のマンガやアニメなどにも海外で人気の作品がたくさんあります。『デスノート』や『ドラゴンボール』、宮崎駿監督のアニメーション作品など、英語のタイトルをネットなどで調べて覚えておくのもいいですね。

　共通の話題を見つけるのが、人と仲良くなる早道なのです。

国際恋愛の鉄則 6
本を読んでいる人には、著者名をたずねてみるのも手！

話しかける英語 ③

 # Whose song is it?
それ、だれの曲ですか。

❖ 距離ちぢめアイテムその２：音楽

音楽も知り合ったばかりの人との距離を縮めるのに最適なアイテムですね。たとえば iPod などで音楽を聞いている人がいたら、

Whose song is it?

（それ、だれの曲ですか）

などとたずねてみるのもいいでしょう。

相手の返事に合わせて、臨機応変に反応していきましょう。

たとえば、It's Mariah Carey's new song.（マライア・キャリーの新曲よ）というような返事が返ってきたら、

Oh, really? Can I listen to it just for a second?

（ホント？　ちょっと聞かせてもらっていい？）

と言って聞かせてもらい、

Wow, I like it!

（わ〜、これ、いいなあ）

と言えば、向こうも自分の好きな曲を気に入ってもらえて嬉しいでしょうから、それが親しくなるキッカケになるわけです。

ちなみに、just for a second の just は「ほんの」、a second は「1秒」という意味で、直訳すれば「ほんの1秒だけ聞かせてもらっていいですか？」となりますが、これは「ちょっとだけ」という感じです。second を sec と略して、just for a sec とも言います。

国際恋愛の
鉄則
7

**相手が聴いている曲について
たずねてみるのも有効！**

フライト中の英語

Do you know any interesting places to visit?
どこか面白い場所を知ってますか。

❖ 飛行機の機内で知り合った場合

　長距離のフライトで隣に感じのいい人が座ったら、前に書いたように、まずは Hi! とあいさつしますが、そのときでもいいし、離陸後ちょっと落ち着いたときでもいいので、チャンスを見て話しかけてみましょう。

　たとえば、その飛行機がサンフランシスコ行きなら、

Are you going to San Francisco?

（サンフランシスコに行くんですか）

などとたずねてみましょう。もちろんフライトはサンフランシスコ行きなのですから、サンフランシスコには当然行くわけですけど、そこから乗り継いだり、あるいは車でかなり行ったところに住んでいる人かもしれませんからね。返事が Yes. なら、

Do you live there?

（そこに住んでるんですか）

と続けてみます。もしそうなら、

I'm visiting San Francisco for the first time.

（サンフランシスコは初めてなんです）

と言って、さらに、

Do you know any interesting places to visit?

（どこか面白い場所を知ってますか）

などとアドバイスを求めてみるのもいいでしょう。interesting place to visit は直訳すると「訪問すべき面白い場所」です。

　そこで相手がいろいろな例を挙げてくれたら、

Which place do you like the most?

（あなたが一番好きな場所はどこ？）

などとたずねてみましょう。たとえば、I like looking at the Golden Gate Bridge from the other side.（金門橋を反対側から見るのが好きですね）You can see the whole city of San Francisco over the water as well.（サンフランシスコの街全体も、水の上に見えるんですよ）などという返事が返ってくるかもしれません。そうしたら、

Sounds fascinating. How can I get there?

（ステキね。どうやって行けばいいのかしら）

と、行き方をたずねましょう。fascinating は「ステキな；魅惑的な」という意味です。

また、場所に限らず、

Do you know any nice restaurants?

（いいレストランを知りませんか）

と聞いてみるのもいいですね。すると相手は、

Well, what kind of food do you like?

（え～と、どんな料理が好きなんですか）

と、逆にたずねてくるかもしれません。そうしたら、I like seafood.（シーフードが好きです）とか、I like steak.（ステーキが好きです）などと自分の好みを答えましょう。もしかすると、相手が知っているいいレストランを教えてくれるかもしれません。こういう会話をきっかけに、長いフライト中に話が弾めば、さらに、

I will take you to that restaurant.

（そのレストランに連れて行ってあげますよ）

I can drive you there.

（車で連れて行ってあげますよ）

♥ SCENE 2 ♥　アプローチ

などと言ってくれるかもしれませんよ。

　長時間のフライトは、人と仲良くなれるビッグチャンスです。私自身も機内で隣り合った女性と親しくなり、その後街を案内してもらったりして、最終的に交際まで発展した経験があります。

　ただし、よく知らない相手と車で出かけたりするのには、ときとして危険もともないますから、長いフライトの間にいろいろな話をして、相手が信頼できる人物なのかどうか、しっかり見極めてくださいね。

国際恋愛の
鉄則
8

**長いフライト時間は、
お近づきになるビッグチャンス！**

喜ばれる英語

Can I help you?
お手伝いしましょうか。

❖ 話しかけて喜ばれて

たとえば、新宿や池袋など巨大な駅では、日本人でさえよく道に迷ったりします。まして土地カンがなく、日本語がわからない外国の人はなおさらです。ですから、駅の表示板や切符売り場などで、悩んでいるように見える外国人を見つけたら、こう聞いてみましょう。

Do you need help?

これは直訳すると「お手伝いは必要ですか」ということです。

Can I help you?

と言ってもいいです。これらの表現は、たとえばスーツケースなどの大きな荷物を持って、階段を上ろうとしている人に言ってもいいです。

ヨーロッパなどでは、女性が大きな荷物を持っていたりベビーカーなどを押している場合、よくこうやって手伝ってくれることがあります。ですが、日本ではそうやって手を貸してくれる人はわりと少ないので、こう言ってお手伝いすると、とても感謝されることが多いです。それがきっかけで、仲良くなることもあります。

ある日、私が地下鉄に乗っていたときのことです。私の隣に座っていた細面で切れ長の瞳をしたブロンド女性が、ヘッドホンステレオでテープを聴いていたのですが（まだ MP3 プレーヤーや iPod がない頃です）、play ボタンを何度も押しては首をかしげています。どうやら何か問題があるようなので、

Is there a problem?（どうかしたんですか）

とたずねてみました。これは直訳すれば「何か問題がありますか」という意味ですね。何か困ったことを抱えているように見える人に、どうしたのかたずねるときに使う表現です。

すると彼女は、

Yes. It doesn't work.（ええ。動かないんです）

と言うので、

Let me have a look?（ちょっと見せてもらえますか）

と言って、見せてもらいました。let me〜は「私に〜させてください」という表現ですね。

そして見せてもらって、いろいろボタンを押したり、テープを出してチェックしたりしてみたのですが、結局、原因はわかりませんでした。そこで、

Sorry. I cannot fix it.（ゴメン。直せないや）

と苦笑いしながら言うと、彼女も笑って、

Don't worry.（気にしないで）

と言ってくれました（Don't worry. は「心配しないで」ですが、「気にしないで」という感じでも使います。Never mind. と言う場合もあります）。

彼女の笑顔がとてもいい感じだったので、

By the way, my name is Shu.（ところで、僕の名前は收です）

と自己紹介し、

May I have your name?（あなたの名前を教えてもらえますか）

とたずねると、

My name is Anne. Nice to meet you.（アンヌよ。はじめまして）

と返事が来ました。

Nice to meet you, too.（こちらこそ）

と返し、前に紹介した表現で出身地をたずねました。

彼女とはこれが縁で、その後、毎週デートするようになったのですが、このように気軽に声をかけられたのも、普段から駅などで困っている外国の人

を見たら、老若男女を問わず「お手伝いしましょうか？」と声をかけ慣れていたからです。自分が外国に行ったときにいろんな人に親切にしてもらったので、日本でも困っている外国の人には親切にしようと思ってやり始めたのですが、それが国際恋愛のきっかけ作りにも役に立ったというわけです。

ちなみに、地図を広げたりして、道に迷っているように見える人には、

Are you lost?（道に迷ったんですか）

Where do you want to go?（どこに行きたいんですか）

などと、たずねてみてもいいでしょう。

国際恋愛の
鉄則
9

普段から困っている外国人に親切にしよう！

♥ SCENE 2 ♥　アプローチ

もりあげトピック

ボン・ソワール！
こんばんは！

❖ 相手の心をつかむための"しこみ"

　さて、地下鉄の中で知り合ったアンヌですが、彼女が、

I'm from France.（フランスから来たんです）

と言うので、

「アー、ボン？　ボン・ソワール。アンシャンテ！」

（そうですか。こんばんは。はじめまして！）

　と私がフランス語で言うと、アンヌは目を丸くして驚き、「フランス語が話せるの？」とたずねてきました。私は大学が仏文科でフランス語も勉強していたので、そのことをフランス語で伝え、「でも今はぜんぜん使う機会もないんでサビついちゃってるんですよ」と会話を英語に戻してもらいました。

　英語圏以外から来た人は、外国の人が自分の国の言葉で話したりすると、とても喜ぶことが多いです。私たちも、外国旅行をしたときに日本語であいさつされたりすると嬉しいですよね。それと同じです。

　ですから、たとえばあいさつなど簡単な表現でもいいので、相手の国の言葉を覚えておくと、グッと好感度が増します。

　私のフランス語の実力は英語に比べるとかなりおそまつですが、それでもアンヌとはとても仲良くなれて、電車内で電話番号を交換し、デートの約束をしました（デートに誘う表現や電話番号をたずねる表現は、後で紹介します）。

　英語のHi! とかHello! にあたる表現を、いろいろな国の言葉で覚えておくといいですね。そしてさらにもう一歩踏み込んで、その国の何かを知っていると、ますます好感度がアップするかもしれません。

　私の場合、モーツァルトのオペラが好きで一時は毎日聴いていたことがありました。そこで、ドイツ人に出会った時にはドイツ語のオペラ『魔笛』か

らパパゲーノのアリアを、イタリア人に会った時はイタリア語で『フィガロの結婚』から、フィガロのアリアのサビの部分を歌ってみせたら、歌詞は多少ウロ覚えでしたが大ウケしました。

　たとえば私たちも外国に行って、そこで出会った人がいきなり『上を向いて歩こう』とか民謡『ふるさと』なんかを日本語で歌ってくれたら感心しますよね。それと同じサプライズ効果があるわけです。

いろいろな国の言葉で、「こんにちは」と「ありがとう」を言ってみましょう。

日本語	こんにちは（コンニチワ）
中国語	你好（ニイハオ）
韓国語	안녕하세요（アニョンハセヨ）
ロシア語	Здравствуйте（ズドラーストヴィチェ）
イタリア語	Buon giorno（ブオン・ジョルノ）
フランス語	Bonjour（ボンジュール）
スペイン語	Buenas tardes（ブエナス・タルデス）
ドイツ語	Guten tag（グーテン・ターク）

日本語	ありがとう（アリガトウ）
中国語	谢谢（シエシェ）
韓国語	감사 합니다（カムサハムニダ）
ロシア語	Спасибо（スパスィーバ）
イタリア語	Grazie（グラツィエ）
フランス語	Merci（メルシー）
スペイン語	Gracias（グラスィアス）
ドイツ語	Danke（ダンケ）

国際恋愛の
鉄則
10

いろんな国の言葉や音楽・文化をかじろう！

♥ SCENE 2 ♥　アプローチ

実践アタック！　聴く！効く！　恋愛英会話

「国際恋愛の現場」を想定した会話文で、実践トレーニングにアターック！　登場人物になりきって音読して発話力を、CDを聴いてリスニング力を鍛えましょう。チャンスはいつなんどき降って湧いてくるかわかりませんからネ！

名前を聞く

☆Wが日本人☆

W : Hi! May I have your name, please?
M : I'm John. And you?
W : My name is Yuriko. Nice to meet you. Where are you from?

女性：ハーイ！　あなたの名前を教えてください。
男性：ジョンです。キミは？
女性：ユリコよ。はじめまして。どこから来たの？

名前を聞いて、ちょいトーク

☆Mが日本人☆

M : May I have your name?
W : Katherine. And yours?
M : My name is Taro. Are you from here?
W : No, I'm from England.
M : Oh, really? That's why you look a little bit diffrent from the others.
W : Yeah? How?
M : You look much more elegant.
W : Oh, thank you.

> 男性：名前を教えてもらえますか。
> 女性：キャサリンよ。あなたの名前は？
> 男性：タローって言うんだ。ここの人？
> 女性：ううん、イギリスから来たの。
> 男性：あっ、そうですか。だから他の人たちとはちょっと違って見えるんだね。
> 女性：そう？ どんなふうに？
> 男性：キミはずっとエレガントだもの。
> 女性：まあ、ありがとう。

解説

Are you from here? は「あなたは、ここの出身ですか？」という意味です。こう聞かれた場合、もしそうなら、**Yes, I am.** とか **Yeah, I'm from here.** のように答えます。

本の話題を振る

☆Mが日本人☆

M: Is that book interesting?
W: Yeah, I'm enjoying it very much.
M: Who is the author?
W: Haruki Murakami.
M: Oh. Are you reading Murakami's book? I'm a big fan of his.
W: Really? Which book of his do you like the most?
M: I love *Norwegian Woods*.
W: That's my favorite, too!

男性：その本、面白いですか。
女性：ええ、すごく楽しんでるわ。
男性：著者はだれ？
女性：ムラカミ・ハルキ。
男性：えっ、村上の本を読んでるんですか？ 僕、大ファンなんですよ。
女性：ホント？ 彼の本で一番好きなのは？
男性：『ノルウェーの森』が大好き。
女性：私の一番好きなのも、そうよ。

解説

　このように1冊の本をきっかけに会話が始まり、そこから相手の好みとか、いろいろなことが少しずつわかってくるわけですね。そうやって、お互いを知り、距離が縮まっていくのです。

長距離フライト中

CD **8**

☆Wが日本人☆

W: Are you going to San Francisco?
M: Yes. I'm going home now.
W: Oh, do you live there?
M: Yes, I'm a San Franciscan. Are you visiting San Francisco?
W: Yes, it'll be my first time. Do you know any good places to visit?
M: Yes, there are many. Fisherman's Wharf, Golden Gate Bridge, China Town...
W: Which one is your favorite?
M: I like Golden Gate Bridge. Especially looking from the other side.
W: How can I get there?
M: Better to take a car. Shall I drive you there?
W: Really? That's very nice of you!

女性：サンフランシスコに行くんですか。
男性：ええ。家に帰るんですよ。
女性：あら、あそこに住んでるの？
男性：そう。シスコっ子なんです。あなたはサンフランシスコに？
女性：ええ、今回が初めてなの。どこか面白いところを知ってますか。
男性：うん、いっぱいありますよ。フィッシャーマンズ・ワーフや金門橋、チャイナタウン……。
女性：あなたが一番好きなのは？
男性：金門橋だね。とくに反対側から見たところが。
女性：どう行けばいいの？
男性：車で行ったほうがいいね。連れて行ってあげようか。
女性：ほんと？　ご親切にありがとう！

✳ SCENE 3 ✳
デート

デート──気になる相手、好きな相手と2人きりでどこかへ行って何かをする──間違いなく恋愛の醍醐味、恋愛のメインイベントのひとつですね。これはもはや、全世界的不変の真理でありましょう。
というゴタクはさておき、要は、"このひとと一緒にいたい"と思ったら、どんどん誘うべし！ってことです。

誘う英語
段取る英語①
段取る英語②
提案する英語①
提案する英語②
食事に誘う英語
喜んで受ける英語
やんわり断る英語
キッパリ拒否する英語
実践アタック！　～聴く！効く！恋愛英会話～

誘う英語

Shall I show you around Tokyo?
東京を案内してあげましょうか。

❖ 日本案内デートにこぎつける

　さて、だれかと出会ってお話をしたら、今度はどうやって次につなげるかです。

　出会った場所が日本なら、

How long have you been here?

（ここには今まで、どれくらいいるんですか）

　と、どれくらい滞在しているのかたずね、Three days.（3日です）とか、I have just arrived yesterday.（昨日ついたばかりです）というような返事が返ってきたら、次のように言ってみましょう。

Have you been to Asakusa?（浅草には行きましたか）

　この"Asakusa"の部分は、その人が歴史的な場所が好きそうなのか、最新のスポットが好きそうなのか、あるいはパソコンやアニメ、ゲームなどが好きそうなのか、などといったこと、つまり、相手が興味を抱いていそうなことによって、Tokyo Tower（東京タワー）や、Shinjuku（新宿）やKamakura（鎌倉）やAkihabara（秋葉原）などに、適宜置き換えて使いましょう。

　この質問に対して、No. What is that?（ううん。それ、何ですか）とか、What kind of place is it?（どんな場所ですか？）というような返事が来たら、

Asakusa is the old district of Tokyo. There is a famous temple with a five story pagoda.

（浅草は東京の古い地区です。とても有名なお寺があって、五重の塔もあるんですよ）

　というように説明します。ちなみにpagodaは、お寺の塔のことです。

It's a very popular place for tourists to visit.

（旅行者にとても人気の場所ですよ）

などと付け加えてもいいでしょう。
　それで、Oh, that sounds interesting.（へえ、面白そうですね）というような返事が返ってきたら、
　Shall I take you there?
（連れて行ってあげましょうか）
　と、続ければいいわけです。あるいは、
　Shall I show you around Tokyo?
（東京を案内してあげましょうか）
　などと言ってもいいですね。ちなみに、sounds ＋形容詞で、「〜のように響く」→「〜そう；〜みたい」という意味です。ですから、sounds interesting は、「面白そう」となります。interesting の代わりに、exciting と言ってもいいですね。人に何かに誘われたとき、興味を示す表現として覚えておきましょう。主語の that は省略してもいいです。
　さて、このような流れで、その人にとって魅力的な観光スポットへ案内し、相手が感激してくれれば、こちらも嬉しいですし、2人の間の距離がグッと縮まる可能性も大です。そうなるためには普段から「どういうところに連れて行ったら外国の人が喜ぶかな？」と研究しておくといいかもしれないですね。超有名なスポットだけでなく、小さいけど雰囲気のある神社とか、日本庭園がある公園とか、梅や桜など日本的な花がきれいな場所が喜ばれる場合もあります。話をしながら相手の趣味や嗜好を考えて、それに合いそうな場所を suggest（提案）してみましょう。
　たとえば、海がない街から来た人には、ビーチに行こうかと誘ってみるのもいいでしょうし、南国からやってきて雪を見たことがないという人には、富士山に行こうか、と誘ってみるのもいいでしょう。車を持っている人はド

ライブがてら行ってもいいですし、英語ガイドつきのバスツアーに参加してみるのもいいでしょう。また、温泉（hot spring）などに誘っても喜ばれるかもしれません。ただし、会ったばかりでいきなり泊りがけの旅行に誘うのは、ちょっと驚かれて引かれてしまうかもしれませんから、最初は日帰りコースがいいでしょう。

国際恋愛の
鉄則
11

**相手の趣味嗜好を見極めて
suggest（提案）しよう！**

段取る英語①

Then when is good for you?
じゃあ、いつが都合がいいですか。

❖ 次の約束を取りつける

相手がこちらの誘いに関心を示してくれたら、次に会う約束をしましょう。

●日にちを決める

Then when is good for you?（じゃあ、いつが都合がいいですか）

などと相手の都合をたずねましょう。また、

How about tomorrow?（明日はどう？）

というように、こちらから提案してもいいでしょう。相手の気が変わらないうちに、早目に会えればそれにこしたことはないですからね。「鉄は熱いうちに打て」です。

●集合場所を決める

待ち合わせの場所は、相手が日本に来たばかりだと「新宿のアルタの前で」などと言ってもわからない場合が多いでしょうから、相手の宿泊先のホテルまで迎えに行ってあげるのもいいかもしれないですね。

Which hotel do you stay at?（どのホテルに泊まってるの？）

とたずね、ホテル名を教えてもらったら、

I can come to pick you up.（迎えに行ってあげますよ）

のように続けます。pick ～ up は「～を迎えに行く」。

●集合時間を決める

What time is good for you?（何時が都合がいいですか）

と、都合のいい時間をたずねます。

国際恋愛の鉄則 12

**鉄は熱いうちに打て！
初デートは早目に段取るべし。**

段取る英語②

May I have the number?
電話番号を教えてもらえますか。

❖ 連絡先を交換する

相手とデートの約束をしたら、急用などで変更の必要がある場合のために、お互いの連絡先を交換しておくのがいいでしょう。まず、自分の番号を相手に教える場合には、

Here is the number of my mobile phone.

（これが私の携帯の番号です）

というように言って、番号を書いたメモなどを渡します。

「携帯電話」は mobile phone の代わりに cellular phone とも言います。

単に「電話番号」と言いたければ、

Here is my phone number.

（これが私の電話番号です）

と言えば OK。

次に相手の電話番号を聞く場合。相手が旅行者なら、

Do you have a mobile phone with you?

（携帯電話を持ってきてますか）

などとたずねます。have ～ with…は「…は～を身につけている」という感じ。つまりただ単に「所有している」だけでなく、「身につけている」とか、この場合は「旅行先である日本まで持ってきている」ということを表します。

相手の答えが Yes. なら、

May I have the number?

（番号を教えてもらえますか）

とたずねます。日本に長期滞在している人なら、

May I have your phone number?

（電話番号を教えてもらえますか）

と普通に電話番号を聞く言い方でたずねましょう。これは異性とのやりとりだけでなく、ビジネスなどでも使える表現ですね。その上で、

If there is any problem, please call me.

（何か問題があったら電話してください）

と言っておくと、安心です。約束が1週間後とか、ある程度先の場合、前日などに電話して、再確認しておくといいかもしれません。そうしないと、うっかり忘れてしまう人もいますので。

Hi! This is Taro. I just called to reconfirm our appointment tomorrow.

（ハーイ！ タロウです。明日の約束の再確認のために電話したんだ）

などと言って、待ち合わせ場所や時間を再度確認します。

ホテルに電話する場合、交換手に相手の国籍や姓のスペルをたずねられることが多いですから、名前をどうつづるのか聞いておくといいですね。ルームナンバーが分かればその必要もないですが、いきなりルームナンバーを聞くのは、特に相手が女性の場合など、警戒されてしまう場合もあります。

How do you spell your last name?

（あなたの姓はどうつづるの）

などとたずねます。「姓」は family name でも OK。

D-E-P-P, Depp.（D-E-P-P と書いてデップよ）などのように返事が返ってくるでしょう。聞いてわかりにくければ、手帳などを取り出して書いてもらいましょう。

Could you write it down?

（書いてもらえますか）

と頼みます。

なお、電話などでスペルを伝える場合——たとえば外国のホテルなどで、そこに宿泊中の知人を呼び出してもらうとか、自分が泊まるために予約を入れる場合など——は、書いて見せるわけにはいかないので、以下のように言います。

D-E-P-P, Depp. D as in diamond, E as in England, P as in Poland, and once again P.

（D-E-P-P でデップ。D は diamond の D、E は England の E、P は Poland の P、そしてもう 1 つ P）

　このように、だれでも知っている単語の頭文字を 1 字 1 字に当てはめて説明するわけです。

　もし相手がメールを毎日ネットカフェや携帯でチェックする人なら、メルアドを聞いておくのもいいかも。

May I have your email address?

（E メールアドレス、教えてもらえる？）

　という感じでたずねます。これは別にデートに誘うときでなくても、たとえば旅先で知り合った人を相手にしても使えますよね。

国際恋愛の
鉄則
13

デート前日には、確認の電話を入れるべし。

提案する英語①

Wanna go see a movie with me?
映画、行かない？

❖ 映画デートのススメ

映画といえばデートの定番ですが、これが国際恋愛にもなかなかオススメです。まだ相手をよく知らない場合でも、映画を見ている間は会話をしなくてもすみます。それに、一緒に見ながら同じシーンで笑ったり泣いたりすることで、相手との共感が生まれたり、見終わった後にはその映画について語り合うことができるので、話題に困りません。逆に、自分と違うタイミングで相手が笑っていたりしたら、それについてたずねてみるのも、文化的違いを知ることのできるチャンスですね。

映画に誘う前には、まず、

Do you like movies?（映画は好き？）

とたずね、Yes. という返事が来たら、

What kind of movie do you like?

（どんな映画が好きですか）

Who is your favorite actor?（どの俳優が一番好き？）

などとたずねましょう。favorite は「一番好きな」という意味の形容詞です。そして、I like Leonardo DiCaprio.（レオナルド・ディカプリオが好き）というような返事が来たら、

Oh, I like him, too.　He was really good in *Blood Diamond*.

（ああ、僕も彼好きだよ。『ブラッド・ダイアモンド』での彼、すごくよかったね）

などと続けると、話が盛り上がるかもしれません。そうやって話すうちに、だんだんお互いの好みや性格もわかってくるでしょう。

ただ、洋画の邦題は原題と全然違う場合が多いので、原題をチェックしておきましょう。特に最近では、カタカナ英語で全く違うタイトルが付いてい

ることも多々ありますので、要注意です。

さて、相手が映画好きだとわかったら、さっそく誘ってみましょう。

Would you like to go see a movie with me?

（一緒に映画に行きませんか）

とたずねます。すでにけっこう親しい間柄なら、

Wanna go see a movie with me?

（映画、行かない？）

などと軽く誘ってみてもいいかも。

ちなみに、wanna は want to の省略形です。この文は本来、Do you want to go see a movie with me? ですが、Do you は省略され、want to が wanna になった、かなりくだけた言い方です。アメリカなどではよく使われます。さらにこのとき、

There is a new movie with DiCaprio in the movie theater now.

（今、映画館でディカプリオの新作をやってるんだ）

などと、相手の好きな俳優が出ている作品を挙げてみると、ノッてくれるかも。また、out を使って **Now his new movie is out.** と言ってもいいですね。movie theater は「映画館」。cinema とも言います。

ただし海外作品については、日本は欧米に比べて公開時期が遅いことが多いので、相手がその作品をすでに見ている可能性がありますので、

Have you seen this movie?（この映画、もう見た？）

のようにたずねてみるのもいいでしょう。

答えは、No, not yet.（いいえ、まだです）だったり、Yes, I have seen it.（うん、もう見たよ）だったりするでしょうが、それに合わせてこちらも対応を

SCENE 3 ♥ デート

> 　映画の邦題と原題の違いについて、少し見てみましょう。原題の冠詞を取ったものをカタカナ表記したり、日本語タイトルを直訳すればOKだったりするものも多いですが、近年のアカデミー賞候補作の中にも、直訳ではちょっと、通じない可能性があるものもあります。
>
> 　　　　愛を読むひと（08 米独）　　　The Reader
> 　　　　フィクサー（07 米）　　　　　Michael Clayton
> 　　　　ネバーランド（04 米英）　　　Finding Neverland
> 　　　　恋愛小説家（97 米）　　　　　As Good as It Gets
>
> 　では逆に、海外で人気の日本作品の英語タイトルはどうでしょう。P25でも少し触れた、宮崎駿監督の作品は、以下ようになっています。ほとんどが直訳的なタイトルになっていますが、「千と千尋の神隠し」は、ちょっとイメージしにくいかもしれません。
>
> 　　　　ルパン三世　カリオストロの城　The Castle of Cagliostro
> 　　　　風の谷のナウシカ　　　　　　Nausicaa of the Valley of the Wind
> 　　　　天空の城ラピュタ　　　　　　Laputa: Castle in the Sky
> 　　　　となりのトトロ　　　　　　　My Neighbor Totoro
> 　　　　魔女の宅急便　　　　　　　　Kiki's Delivery Service
> 　　　　紅の豚　　　　　　　　　　　Porco Rosso
> 　　　　もののけ姫　　　　　　　　　Princess Mononoke
> 　　　　千と千尋の神隠し　　　　　　Spirited Away
> 　　　　ハウルの動く城　　　　　　　Howl's Moving Castle
> 　　　　崖の上のポニョ　　　　　　　Ponyo on the Cliff by the Sea

考えます。

　それから、映画に誘う際に気をつけたいのは、あまりに内容が残酷すぎたり悲しすぎたりすると、せっかくのデートが台無しになってしまうことがあるということです。ですから、大体のあらすじなどは、インターネットや雑誌のレビューなどを読んで、ある程度チェックしておくといいかもしれないですね。外国の人が相手だと、万が一ハズレ映画を見てしまった際のフォローも英語でしなくてはなりませんから……。

国際恋愛の鉄則 14

**映画デートはオススメ。
でも一応内容を軽くチェックしておくべし。**

提案する英語②

Would you like to go to the beach?
ビーチに行きませんか。

❖ 海やスポーツでデート

デートに誘うための表現を挙げておきましょう。

たとえば季節が夏だったら、

Would you like to go to the swimming pool?

（一緒にプールに行きませんか）

などと誘います。

〈Would you like to + 動詞の原型〉は「〜しませんか？」というていねいなたずね方です。これは、いろんな場所やアクティビティに誘うのに使えるとても便利な表現ですから、ぜひ覚えましょう。

海のない街から来た人などには、

Would you like to go to the beach?

（ビーチに行きませんか）

などと誘っても、喜ばれるかもしれません。

私は以前、アエロフロート機内で知り合ったモスクワ出身の女性を海に誘ったところ、大喜びしていました。ただしハイシーズンの東京近郊の海水浴場のように、イモ洗い状態の海だと、逆にゲンナリされかねませんので、比較的空いていて、きれいな穴場を探しておく努力も必要ですね。

相手が日本に住んでいたり、比較的長期滞在している場合などは、夏以外の季節でも、都会の喧騒を離れて海を見に行くというだけで喜ばれることもあります。

Would you like to go see the ocean with me?

（一緒に海を見に行きませんか）

などと誘ってみましょう。

「〜を見に行く」は go to see 〜と言ってもいいですが、単に go see 〜と

言う場合が多いです。

相手が寒い国から来た人の場合、スケートやスキーが好きかもしれませんから、次のようにたずねてみるのもいいかも。

Do you like skating?（スケートは好きですか）

答えが Yes. だったら、

Would you like to go skating with me? I know a good skating rink.

（一緒にスケートに行かない？　いいスケート場を知ってるんだけど）

などと言ってみましょう。skating rink は「スケートリンク；スケート場」です。

手に手をとって氷上を滑るうちに、もしかすると愛が芽生えるかもしれませんよ。そうなるために、デートの日までにスケート場通いをして猛特訓しておくのも一手かも。

もし自分がスケートやスキーがそれほど得意でなくても、相手がカナダやスイス、北欧などの出身で、ウィンター・スポーツ大好き人間だったら、

Could you teach me how to ski? I'm not so good at it.

（スキーを教えてもらえますか。あまり得意じゃないんで）

などと相手に頼ってみると、喜んで教えてくれるかも。

実際、私はこの表現を使って、カナダ人のプロ・スキーヤーの女性にスキーを指導してもらったことがあります。

国際恋愛の
鉄則
15

相手の出身国や性格に合わせて、デートスポットを選ぼう！

食事に誘う英語

Have you ever tried Sushi?
寿司を食べたことはありますか？

❖ 食事に誘う

レストランなどに食事に誘うのも、デートの定番ですね。

Would you like to go out to eat with me?

（食事に行きませんか？）

のように言って誘います。その際、相手がどんな食べ物が好きなのかたずねるには、単刀直入に、

What kind of food do you like?

（どんな食べ物が好きですか？）

と聞いてもいいですし、

Do you like seafood?

（シーフードは好きですか？）

などとたずねてもいいでしょう。

相手がアジアを旅してきていて、アジア料理が好きそうだったら、

Do you like Thai food?（タイ料理は好きですか？）

Do you like Indian food?（インド料理は好きですか？）

などとたずねて、答えが Yes. だったら、

I know a very good Indian restaurant.

（とてもいいインド料理の店を知ってるんです）

という感じで誘いましょう。今、日本にいるのなら、

Have you ever tried Sushi?

（寿司を食べたことはありますか？）

などとたずねてみましょう。Sushi の部分は、いろんな日本食に置き換えて。

♥ SCENE 3 ♥ デート

また、居酒屋に誘いたければ、

Do you know Izakaya?
(居酒屋って知ってますか？)

と聞き、相手が知らなければ、

Izakayas are Japanese restaurants with a cozy atmosphere.
(居酒屋というのは、気楽な雰囲気の日本料理の店です)

You can order many small dishes and you can drink beer or sake or whatever you want.
(小皿の料理をいろいろ注文できて、ビールとか酒とか、好きなものを何でも飲めるところなんです)

To feel and taste the real life of Japanese people, you should visit an Izakaya.
(日本人の本当の生活を感じ、味わうためには、ぜひ居酒屋に行かなくちゃ、ですよ)

などと言うと、外国から来た人の多くは興味を持ってくれるはずです。

なお、単に飲みに行こうと誘うなら、

Would you like to go drink with me?
(一緒に飲みに行きませんか？)

I know a very nice bar with a great night view of Tokyo.
(東京の素晴らしい夜景を楽しめる、とてもいいバーを知ってるんで)

などと誘いましょう。

国際恋愛の
鉄則
16

話のネタにもなる「居酒屋デート」は意外とオススメ！

喜んで受ける英語

Yes! I'd love to!
はい！ 喜んで！

❖ 誘いを受ける

さて、映画やお出かけ、パーティーなど何かのお誘いを受けて、相手が感じのいい人だったり、楽しそうなオファーをしてくれたら、単に Yes. というだけでなく、こちらがすごく乗り気であることを示す答え方をしたいですね。そんな表現を見てみましょう。

Definitely!（もちろん！；ぜひ！）。

Yes! I'd love to!（はい！ 喜んで！）

などの表現は、誘われて「ぜひぜひ、そうしたいです！」と承諾する際に使う表現です。I'd love to は、

I would love to do that.（ぜひ、そうしたいです）

I would love to go there.（そこにぜひ行きたいです）

などの略ですね。

また、次のような表現も使えます。

Sounds exciting!（楽しそ～！）

exciting は、すでに日本語化している「エキサイティング」と同じ意味です。ただしアクセントは「サイ」の部分にあります。

何か面白そうな提案をされた場合、こう答えると、こちらがすごく興味を示している感じが相手に伝わります。

Sounds は It sounds ～の略。で、いま風に言えば、「～な感じ」というところですね。

Sounds great!（超イイ感じ！）

Sounds fun!（楽しそ～！）

と言ってもいいです。

これらの表現で相手のオファーに自分がすごく興味があることを伝えたら、お礼の言葉を続けるのもいいですね。

Thank you for inviting me.
（誘ってくれてありがとう）

I'm very glad that you invited me.
（誘ってくれてうれしい）

　などと言います。

国際恋愛の
鉄則
17

乗り気な返事で「誘われてうれしい」気持ちを伝えるべし！

やんわり断る英語

I'd love to, but...
行きたいんですけど……

❖ カドを立てずに断るには

　誘いを断る場合の表現も覚えておきましょう。本当は行きたいのだけど、何か理由があって断らなくてはいけない場合、前ページで出てきた、

　I would love to do that.（ぜひ、そうしたいです）
　I would love to go there.（そこにぜひ行きたいです）

という表現の後にbut...と続けると「行きたいのだけど、用があって行けない」というニュアンスを出すことができるのです。たとえば……。

【学生の場合】
　I'd love to, but I have a lot of homework this weekend.
（ぜひそうしたいんだけど、この週末、宿題が山ほどあって）

【詳しい内容は言いたくないけど、なにか用事がある場合】
　I'd love to, but I have something to do on that day.
（ぜひそうしたいけど、その日は用事があるんです）

【先約がある場合】
　I'd love to, but unfortunately I have already an appointment on that day.
（ぜひそうしたいんですが、残念ながら、その日はもう先約があるんです）

　このように言えばいいわけです。
　最後の文のようにunfortunately（残念ながら）という言葉を添えると、「本当は行きたいんですよ」という気持ちを強調することができます。

国際恋愛の
鉄則
18

やんわりと断るには、理由を説明し、残念だと強調すべし。

♥ SCENE 3 ♥　デート

キッパリ拒否する英語

No, thank you.
いいえ、けっこうよ！

❖ ハッキリ断る

　イヤな誘いで全然気が進まない場合には、P54で出てきたsoundsを使って、

Sounds boring.（つまんなそ〜）

Sounds disgusting.（サイアクって感じ）

などと言って断ることもできます。disgustingは「ムカツクほど嫌な」気持ちを表わす非常に強い表現です。たとえば動物が大好きなあなたを毛皮のファッションショーに誘ったり、ベジタリアンのあなたをステーキハウスに誘う無神経なヤカラがいたら、こう言ってみるのもいいかもしれませんね。

　こういう表現の後には、

I don't want to go.（行きたくないです）

とハッキリ言ってあげましょう。日本人は皆まで言わずともわかってくれる場合が多いですが、外国の人の場合、露骨なくらいにハッキリ言わないと理解してくれない人もいます。

　さらにその後にBecause...と理由を説明するのもいいでしょう。たとえば、

Because I'm against killing animals for fur.
（毛皮のために動物を殺すのに反対だからです）

Because I'm a vegetarian, I don't wanna go to a steakhouse.
（ベジタリアンだから、ステーキハウスには行きたくありません）

というぐあいです。

　　　　　　　　　＊　　＊　　＊

　相手がどうしても自分のタイプじゃないとか、あまりに下心がミエミエでいやな場合なども、断る必要がありますね。

　私がバンコクで出会った日本の女性2人は、白人男性2人組にしつこくつきまとわれ、ハッキリNo.と言えないせいで、ホテルの部屋にまでついてこ

られ、部屋に入れるのだけは避けたいからと、ロビーで夜明かししそうになっていました。たまたま通りかかった私は彼女たちに、何とか説明して追い返してほしいと頼まれたので、私がハッキリと「彼女たちはもう眠りたいと言っている。自分のホテルに帰ってほしいと言ってくれと頼まれたから、そうしてやって」と、ていねいに、しかし有無を言わせぬ口調で伝えると、さすがに彼らもあきらめて帰って行きました。

イヤだったら言葉でハッキリ伝えて断ること、これは基本です。そうしないと「日本女性は、口ではイヤだと言っても本心は違う」などと思い込んでいるヤカラもいますから、最悪の場合、ベッドにまでもぐりこまれかねません。

女性が道を歩いていると、Hey, pretty girl! Let's go eat with me!（ヘイ、プリティーガール！　一緒に食事に行こうぜ！）などと声をかけられることがよくあります。

あるいは、Let's go dancing with me.（ダンスに行こうぜ）とか、Let's go drinking with me.（飲みにいこうぜ）だったりしますが、いずれの場合もイヤだったら、

No, thank you.（いいえ、けっこうよ！）

とピシャリと言いましょう。このとき、カタカナ英語の「ノーサンキュー」のように抑揚なく言うのではなくて、「ノー」で一度、ピシッと切り、その後に「サンキュー」と続けます。あるいは、**No, thanks.** でもいいです。

そう言っても、なおもしつこく、Hey, wait a minute!（ねえ、ちょっと待って！）などと粘る相手もいるので、そういう場合は、

I'm not interested in you!（あなたなんかに興味はないわ！）

と言い、

Please don't bother me.（じゃましないで）

と続けましょう。この文には please が付いていますが、なくてもかまい

ません。いずれにせよ、決然とした口調で言うことが大事です。

Leave me alone.（ほっといて）

と言うのもいいですね。

それでもしつこく、腕などをつかまれそうになったら、思い切り大声で、

Police!

と叫びましょう。「ポー**リー**ス！」という感じです。日本語にすれば「おまわりさ～ん！」という感じ。

Help!（助けて！）

でもいいです。お腹の底から声を出しましょう。

No, thanks. などの表現は、街で、You want joint?（マリファナほしいかい？）とか、男性が、Do you want pretty girls?（かわいい女の子、いらないか？）などと声をかけられたときにも使えます。

ただし、私がバンコクで知り合ったオーストラリア人の若者は、

I'm not interested in girls. I'm gay.

（女なんか興味ないよ。ゲイだから）

と言ってポン引きを追い払おうとしたら、No problem. We have pretty boys too!（問題ないですぜ。かわいい男の子もいますから）と切り返されて、困っていました。

国際恋愛の鉄則 19

イヤな誘いやイヤな相手には、ハッキリNo!と断るべし！

実践アタック！ 聴く！効く！ 恋愛英会話

「国際恋愛の現場」を想定した会話文で、実践トレーニングにアタック！ 登場人物になりきって音読して発話力を、CDを聴いてリスニング力を鍛えましょう。チャンスはいつなんどき降って湧いてくるかわかりませんからネ！

鎌倉へ誘う

CD 9

☆Mが日本人☆

M : Have you been to Kamakura?
W : No. What is it?
M : It's one of the old capitals of Japan, like Kyoto. But it's not so far from Tokyo. There are many old temples and shrines.
W : Sounds interesting.
M : Then I can take you there.

男性：鎌倉には行った？
女性：ううん。それ、何？
男性：日本の昔の首都の1つなんだ、京都みたいにね。でも東京から遠くないんだ。古いお寺や神社がたくさんあるよ。
女性：面白そう。
男性：じゃあ、連れてってあげるよ。

温泉に誘う

☆Mが日本人☆

M: Do you know what an Onsen is?
W: No. What is it?
M: It's a natural hot spring. I know a very nice one. You can take a bath in front of the Ocean.
W: Wow! Sounds wonderful. Is it far from Tokyo?
M: No. It takes about two hours by train.
W: I'd love to go there!

男性：温泉って何か知ってる？
女性：ううん。何それ。
男性：天然の温かい湧き水なんだ。すごくいい所を知ってるんだよ。海の前でお風呂に入れるんだ。
女性：ワ〜！　ステキね。東京からは遠いの？
男性：いや、列車で2時間くらいだね。
女性：ぜひ行ってみたいわ！

解説

I'd love to + 動詞は、「ぜひ〜してみたい」という言い方です。この言葉を相手から引き出せたら、つかみはバッチリですね。

デートの段取り

CD **11**

☆Wが日本人☆

W : Shall I show you around Yokohama?
M : Yes, please!
W : Then when is good for you?
M : How about on Sunday?
W : OK. Shall I come to pick you up at your hotel?
M : That would be very nice of you! What time?
W : How about ten in the morning?
M : Very good!
W : Then see you on Sunday at ten in the morning at your hotel.

女性：横浜を案内してあげましょうか。
男性：うん、お願いします！
女性：じゃあ、いつがいい？
男性：日曜日でどう？
女性：オーケー。ホテルまで迎えに行きましょうか。
男性：それって、すごくありがたいね！　何時に？
女性：午前10時でどう？
男性：いいねえ！
女性：じゃあ日曜日朝10時に、あなたのホテルでね。

連絡先の交換

☆Mが日本人☆

M: Here is my mobile phone number.
W: Thank you.
M: Do you have your mobile phone with you?
W: No, I left it home.
M: Oh, I see.
W: But if you have any problem, please call my hotel.
M: Okay, I will.

男性：これ、僕の携帯の番号。
女性：ありがと。
男性：キミ、携帯持ってきてる?
女性：ううん、国においてきちゃったの。
男性：あっ、そうなんだ。
女性：でも何かあったら、ホテルに電話して。
男性：わかった、そうするよ。

解説

曜日などを決める際に、「今週の土曜日」なのか「来週の土曜日」なのか、間違いがないように言うには、「今度の土曜」は **this coming Saturday** と、「来週の土曜」なら **Saturday, next week** などと言うといいでしょう。

さらに日付も加えて、**Saturday, July eleventh**（7月11日の土曜日）、などと、カレンダーを見ながら確認しておくと安心ですね。

ビーチへ誘う・誘われる

M : It's getting very hot these days. Would you like to go to the beach with me?
W : Good idea! Is it far from here?
M : It takes about an hour and a half by train. I know a very nice beach.
W : Sounds good. When shall we go?
M : How about next Saturday?
W : Fine. Do you know anywhere I can buy a swimsuit?
M : Yes, there's a shop in Shibuya. Let's go there together .

男性：ここんとこ、暑くなってきたねえ。一緒にビーチに行かない？
女性：いいわね！　遠いの？
男性：電車で1時間半くらいだね。いいビーチを知ってるんだ。
女性：いいわね。いつ行こうか。
男性：今度の土曜日はどう？
女性：いいわ。どこか水着を買えるところを知ってる？
男性：うん、渋谷にあるよ。一緒に行こう。

♥ SCENE 3 ♥　デート

食事へ誘う・誘われる

CD 14

M : Would you like to go eat with me sometime next week? I know a very good Georgian restaurant.
W : Georgian restaurant?
M : Yes. But not Georgia of the United States, Georgia in the former Soviet Union. It's a country in the Caucasus Mountains. They make great wines and very delicious food.
W : Sounds great. I'd love to go there. Which day is good for you?
M : How about Tuesday night?
W : That's fine with me.

> 男性：来週あたり一緒に食事に行きませんか？　すごくいいグルジア（英語の発音は「ジョージア」）・レストランがあるんです。
> 女性：ジョージアのレストラン？
> 男性：そう。でも、アメリカのジョージアじゃなくて、旧ソ連のグルジア。コーカサス山脈の国。素晴らしいワインととても美味しい料理があるんだ。
> 女性：よさそうねえ。ぜひ行きたいわ。何曜日がいい？
> 男性：火曜の夜は？
> 女性：いいわよ。

解説

sometimeは「いつか」。**sometime next week**で「来週のいつか」。**Sounds great.**のかわりに**Sounds interesting.**（おもしろそう）と言ってもいいです。**interesting**は「興味深い；面白い」という意味ですね。

映画へ誘う・誘われる

CD 15

W: Do you like movies?
M: Yes, I like action movies.
W: Me too! Who is your favorite actor?
M: Jet Li. He is awesome!
W: I love Jet Li very much too!
M: Oh really?
W: Yes. He was so cool in *Kiss Of The Dragon*.
M: Yeah, that was a really good one!
W: Now his new movie is out. Would you like to go see it with me?
M: Definitely!

女性：映画は好き？
男性：うん、アクション映画が好きなんだ。
女性：わたしも！　どの俳優が一番好き？
男性：ジェット・リー。彼はサイコーだよ！
女性：わたしもジェット・リー、大好き！
男性：えっ、ホント？
女性：うん。『キス・オブ・ザ・ドラゴン』での彼、すごくカッコよかったわ。
男性：ああ、あの映画、ホントによかったね！
女性：今、映画館で彼の新作をやってるわ。一緒に見に行きましょうか。
男性：もちろん！

♥ SCENE 3 ♥　デート

解説

　awesomeはもともと「畏敬の念を起こさせる」という意味ですが、「サイコー」という感じで口語でもよく使われます。

　coolは「涼しい」という意味がもともとありますが、これも口語で「イカしてる：カッコイイ」という感じで使われます。ただし「あの人は冷たい」という意味で使うなら、**cool**ではなく**cold**で、**He is cold.**（彼は冷淡だ）のように言うので、ご注意。

　his new movie is outの**out**は、ここでは「上映中」という意味です。

　definitelyは「絶対」とか「もちろん」という感じで、疑問文に対する強い答えとして使います。発音は「デファニットリー」で、最初にアクセント。1つめの**i**は、あいまい母音になります。「絶対にいやだ」というときは、これに**not**をつけて**Definitely not!**といいます。たとえば大嫌いな人に「一緒に飲みに行かない？」と誘われて「絶対ヤダ！」と断るときなどに使えます。

食事に誘う・誘われる

CD 16

M : Would you like to go eat with me tomorrow? I found a great steakhouse.
W : Steakhouse? Sounds disgusting! Did you forget that I'm a vegetarian?
M : Oops! I'm sorry…I forgot…Well…then, how about an Indian restaurant which specializes in organic vegetarian food?
W : Hmm…organic vegetarian Indian food? Sounds OK.

> 男性：明日、食事に行きません？　いいステーキハウスを見つけたんで。
> 女性：ステーキハウスですって？　気持ち悪いわね！　私がベジタリアンだって忘れたの？
> 男性：おっと！　ごめん…うっかり忘れてた…え〜と…じゃあ有機農法のベジタリアンフード専門のインド料理屋はどう？
> 女性：ふ〜ん……有機野菜のインド料理？　悪くないわね。

解説

　この会話の男性は、最初に彼女がベジタリアンであることを忘れるという失敗をしましたが、その後のリカバリーがいいですね。見習いたいところです。

　Oops! は「おっと」とか「うわ〜」「あちゃ〜」という感じ。失敗したときなどに使います。**Whoops!** とも言います。

　organic は「（化学肥料や農薬を使わない）有機農法の」という意味ですね。最近ではこういう店も増えてきています。欧米の人には、ベジタリアンも多いし、**organic** かどうかにこだわる人もけっこういるので、有機野菜専門のレストランをネットで検索して見つけておくと、喜ばれるかもしれません。

✱ SCENE 4 ✱
告白・おつきあい

なーんとなく、気がついたらそういう間柄になっていた…なんてことも多々ありますが、ここぞというときにはビシッと気持ちを伝えられるようにしておきたいもの。凝ったシチュエーションでなくてもいい、愛を叫ばなくてもいい、相手の目を見てしっかり思いを伝えましょう。

告白する英語
よりみちコラム1 loveとlikeの間には
お返事する英語
よりみちコラム2 贈り物をするときは
実践アタック！　〜聴く！効く！恋愛英会話〜

告白する英語

Would you be my boyfriend?
彼氏になってもらえますか？

❖「付き合ってほしい」と頼む

　さて、映画や食事やビーチなど、いろいろな場所に誘ってデートをし、2人の距離が縮まったら、次は正式に交際を申し込む表現が必要になりますね。もちろん、言葉で言わなくても、なんとなく自然に付き合いが始まって、そのまま続くということもありますが、相手がそれほど敏感な人でない場合、ハッキリと言った方がいいでしょう。

　相手が男性なら、

Would you be my boyfriend?

（彼氏になってもらえますか）

と頼みます。女性なら、

Would you be my girlfriend?

（彼女になってもらえますか）

ですね。boyfriend や girlfriend というのは、日本語だと「男の友達」「女の友達」という意味あいで使われることが多いようですが、英語では「付き合っている相手、恋人」というニュアンスが強いです。

　ですから逆に、このような質問をされて「友達になってほしいのね」と思ってウカツに Yes. というと、相手に誤解されて彼女ヅラ、彼氏ヅラをされてしまうのでご注意を。

　　　　　　　　　＊　　＊　　＊

　さて、この「彼氏［彼女］になってもらえますか」という表現ですが、いきなり言うのも唐突な感じがします。その前に、なにかひとこと添えて、相手をいい気持ちにさせてから言う方が、より効果的でしょう。たとえば、

I enjoy your company very much.

（あなたと一緒にいると、すごく楽しいです）

と言うのもいいでしょう。ここでの your company は「あなたの会社」ではなく、「あなたと一緒にいること」という意味です。ほかに、

It's always fun to be with you.
(あなたと一緒にいるといつも楽しい)
You have a very good sense of humor.
(あなたのユーモアのセンス、サイコ〜)
などと言ってもいいでしょうし、
I think you have a very warm heart.
(あなたはとても温かい心の持ち主ですね)
と言ってみるのも効果的です。
もちろんストレートに、
You are the most beautiful lady I've ever met.
(あなたほど美しい女性に会ったことはありません)
You are the most handsome man I've ever met.
(あなたほどハンサムな男性に会ったことはないわ)
などと言ってみるのもいいかもしれません。
ただし相手がかなりの美形で、そういうことを言われ慣れているようだったら、外見をほめるのは避けて、
You have the most beautiful smile I've ever seen.
(あなたの笑顔ほどステキな笑顔を見たことがありません)
などと、ちょっと変化球を投げてみるのもいいでしょう。
You are very intelligent and kind.
(あなたはすごく頭がよくて親切ですね)
などと、知性ややさしさをほめるのも効果的です。

ちなみに「付き合う;異性と交際する」という意味で、動詞の see を使う場合もあります。

I've been seeing her for three month.

（彼女とは3ヵ月付き合っている）

　というように使います。

　また、go out with ～で「～と付き合う」という言い方もあります。

　ですから、「付き合ってください」と言うとき、

Would you go out with me?

　と言ってもいいのですが、これらは「私と外出したいですか」と解釈されてしまう場合もあるので、やはり最初に挙げた、Would you be my boyfriend [girlfriend]？とたずねる方が、分かりやすくていいでしょう。

国際恋愛の鉄則 20　**交際を申し込むなら、その前にほめて、相手の気分を盛り上げるとベター。**

よりみちコラム1

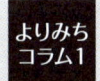

love と like の間には

　外国で異性のことが気に入ると、つい気軽に I love you. などと言ってしまう人がいます。しかし、英語の I love you. はかなり強い愛情を表わすので、会ってすぐとか、知り合って数日くらいでは、口にしない方が賢明です。

　私が出会ったアメリカ人の女子大生は、少し付き合った日本人男性に I love you. と何度も言われて、「よっぽど私のことを愛してくれてるのね」と思い、彼と同棲し始めました。しかしその後、「彼が I love you. と言ってたのは、I like you. って意味だと、後でわかった」と、同棲したことをとても後悔していました。

「心の底からものすごく、身も世もないほど恋焦がれている」とか「結婚を申し込みたい」というような場合でないかぎり、あまり I love you. は使わない方が無難です。

　このことがよくわかる例として、ロブ・ロウとデミ・ムーアが主演の『きのうの夜は…』（原題：About Last Night...）という恋愛映画があります。この中で主人公たち2人は、付き合い始め、やがて同棲するようになるのですが、I love you. というヘビーな言葉を使うのに、臆病なほどに慎重で、かなり長い間、I love you. と言いたいのをこらえて、I like you. と言っています。それくらい、I love you. というのは、英語圏では重い言葉なのです。

　でも、結婚したり長く同棲したりして、互いを本当に大切な partner だと考えるようになると、今度は逆に一日何度も、ときには何十回もこの言葉を口にするようになるのですけどね。ですから、この言葉は、そういう濃い関係になれるまで、取っておく方がもいいかもしれません。

お返事する英語

Yes. I like you very much.
ええ。私もあなたが大好きです。

❖「付き合ってほしい」と言われたら
もし異性の友達から「恋人になってほしい」と言われたら、Yes. か No. か、ハッキリ答えないといけません。あいまいにお茶を濁すのは失礼です。

●OK
Yes. I like you very much.
(ええ。私もあなたが大好きです)
Yes. I'm very happy to hear that.
(はい。そう言ってくれて嬉しい)

●イヤ
No. I'm not interested in you.
(いいえ。あなたには興味がありません)
You are not my type.
(あなたは私のタイプじゃありません)

●すでに恋人がいる
Sorry, I have a girlfriend [boyfriend].
(ごめんなさい、もう恋人がいるんです)

これはたとえば、外国でだれかに告白されて、関係を悪化させたくはないけど、深い付き合いはゴメンだ、というときにも使えますね。

Sorry, I have a boyfriend in Japan.
(ごめんなさい、日本に彼氏がいるの)

などと使います。

♥SCENE 4♥　告白・おつきあい

●嫌いじゃないけど、恋人にしたいほどではない場合

Let's just be friends.

(お友達でいましょう)

と言いましょう。このセリフの前に、

I think you are a very nice person, but I can't see you as a woman [man].

(あなたはすごくいい人だと思うけど、異性として見ることはできません)

などと言うのもいいでしょう。

いずれにせよ、変な誤解を生まないためにも、ちゃんと返事しましょう。

国際恋愛の
鉄則
21

イエスかノーか、キッパリハッキリ意思表示！

贈り物をする時は

　相手が意中の人でも、もうすでにつきあっている恋人でも、結婚して何年もたつパートナーでも、ちょっとした機会に、何か小さなプレゼントをすると、ふたりの関係がとてもいい感じになったりするものです。そんなとき、ただ物を贈るだけではなくて、ちょっとしたひと言を添えるとプレゼントがいっそう引き立ちます。

　旧ユーゴ出身の女優にミリヤーナ・ヨコヴィッチさんという人がいます。

　カンヌ映画祭グランプリを受賞したエミール・クストリッツア監督の傑作『アンダーグラウンド』で、彼女はユーゴのレジスタンスのリーダーとその相棒、そしてナチ将校を手玉に取る妖艶な女性を演じていました。またユーゴ内戦の悲劇を真っ向から描いた『ブコバルに手紙は届かない』という映画では、幼馴染のセルビア人男性と結婚したクロアチア人女性役で、民族が血で血を洗う内戦の中で夫と引き裂かれ、両親も失い、生まれ育った町も徹底的に破壊されるという悲劇のヒロインを演じ、モスクワ映画祭の主演女優賞を受賞しています。

　私は以前にユーゴ内戦を取材していたこともあって『ブコバル──』のプロモーションのために来日した彼女にインタビューしたのですが、ミリヤーナさんは、美しさと同時に強さを内に秘めた、非常に印象的な女性でした。

　彼女がまだ新人だったころ、ダニエル・デイ・ルイス主演の『エバー・スマイル・ニュージャージー』というアメリカ映画に出たことがあります。主人公は南米を旅して虫歯と戦う歯医者。この映画でダニエル扮する歯医者が「君の好きな色は？」とたずねながら、何色ものハブラシを見せて、彼女が黄色を選ぶシーンがありました。

♥ SCENE 4 ♥　告白・おつきあい

よりみち
コラム2

　そこで私はインタビューのときに黄色い花束を持って行き、「あの映画の中で黄色が好きって言ってましたよね。台本通りに言っただけかもしれないけど、もしかしてホントに黄色が好きなんじゃないかと思って……」とその花束を差し出すと、とても喜んでくれて、
　Thank you very much! You deserve a kiss!
（本当にありがとう！　あなたはキスに値するわ！）
　と言って、キスしてくれました。
　あなたも、好きな人に何かを贈る際は、ちょっと考えて、気の効いたひと言を添えてみてはいかがでしょう？

実践アタック！ 聴く！効く！ 恋愛英会話

「国際恋愛の現場」を想定した会話文で、実践トレーニングにアタァーック！ 登場人物になりきって音読して発話力を、CDを聴いてリスニング力を鍛えましょう。チャンスはいつなんどき降って湧いてくるかわかりませんからネ！

告白 ➡ Yes.

CD 17

W : I like your smile very much. And you are very intelligent, too. Would you be my boyfriend?
M : Oh, thank you very much! Yes, of course, yes!

> 女性：あなたの微笑みが大好き。それに頭もいいし。私の彼氏になってくれない？
> 男性：わあ、ありがとう！ うん、もちろんイエスだよ！

告白 ➡ No.

CD 18

M : I think you are the most beautiful girl I've ever seen. Would you be my girlfriend?
W : Sorry, I like you as a person, but I can't see you as a man. Let's just be friends.

> 男性：キミは僕がこれまで見た中で一番の美女だ。恋人になってくれないかな？
> 女性：ごめん、私もあなたの人間性は好きだけど、男性として見ることができないの。友達でいましょ。

✳ SCENE 5 ✳
遠距離恋愛

国際恋愛に必ずといっていいほどついてまわるこのモンダイ＝"遠距離"。
都道府県どころの騒ぎじゃないレベルで遠～く離れた2人が繋がるための手段は、ズバリ"言葉"！
面と向かって会えないからこそ言えることや、しっかり伝えておくべきことを見ていきましょう。

遠距離恋愛の英語①
よりみちコラム3 "結晶作用"にご用心！
遠距離恋愛の英語②
遠距離恋愛の英語③
実践アタック！　～聴く！効く！恋愛英会話～

遠距離恋愛の英語①

I miss you.
あなたが恋しい。

❖ コミュニケーション手段は、言葉！

　外国の人と恋に落ちた場合、向こうが日本に長期滞在しているとか、こちらが相手の国に住んでいるとかいう場合以外は、遠距離恋愛になってしまうことが多いですね。私も妻（ドイツ人）と知り合って結婚する前には1年間の遠距離恋愛を経験しましたし、それ以前に外国の女性と遠距離恋愛をしたこともあります。ちなみに「遠距離恋愛」は英語で long distance relationship と言います。

　こういう関係で大事なのは、いかにコミュニケーションを取るかです。

　今はメールもありますし、お互いにパソコンを持っていてネット環境が整っていれば Skype を使って無料でテレビ電話もできるという、信じられないほど便利な時代になりました。片道5日〜1週間もかかる航空便で手紙のやりとりをしなければならなかった頃とは、まさに隔世の感があります。

　とはいえ、いくら便利になったからといっても、やはり英語ができなければ会話は成り立ちません。それに、遠く離れている相手とは、互いに手を触れることすらできないのですから、関係を維持することは簡単ではありません。そんなとき、言葉というのはとても重要なツールになってきます。

　それでは、遠距離恋愛で役立つ表現を見ていきましょう。

　　　　　　　　　　＊　　＊　　＊

I miss you.（あなたが恋しい）

　これは、遠いところにいる恋人への定番表現ですね。miss は「〜がいなくて寂しい」という意味です。日本語訳は女性の言葉になっていますが、男性でももちろん使えます。これを応用した表現の、

I will miss you.（あなたに会えなくなると、寂しくなるよ）

　は、これから相手が国に帰ってしまうとか、自分が日本に帰ってしまって

会えなくなるときに使えます。また、男女間に限らず、仲のいい友人同士でも使います。

恋人ではないですが、私の知り合いのイギリス人の女の子は、国に帰る際、

Don't forget to miss me.

と冗談を言っていました。つまり、「私がいなくなったら、ちゃんと寂しがってね」ということですね。

さて、恋人同士の会話やメールなら、

I miss you all the time.

(あなたに会えなくて、いつも寂しい)

くらいのことは言ってもいいでしょう。

さらに甘い表現をいくつか。

I am thinking about you every day and every night.

(毎日毎晩、あなたのことばかり考えてる)

これも I miss you. などと同じく、男女どちらでも使えます。

メールや手紙なら、

I want to see your sweet face and I want to hear your warm voice.

(あなたのやさしい顔が見たいし、あなたの温かい声が聞きたい)

などと書くのもいいでしょう。

sweet は「甘い」ですが、sweet face で「やさしい顔」という感じです。この sweet や warm は、なくてもかまいませんが、入れた方がより強くあなたの気持ちが伝わるでしょう。

My sweet darling,（愛しいあなたへ）

と書き始めて、最近あったことをいろいろ伝えた後、最後に、

PS. I love you.（追伸　愛してます）

などと書くのも、相手がビートルズ好きなら喜ばれるでしょう。

I'm sending all my loving to you.

（私の愛のすべてをあなたに送ります）

などと書いてもいいですね。loving は単に love としてもかまいません。もしくはもっと情熱的に、

I need you! I want to kiss you! I want to touch your smooth skin!

（あなたが必要です！　あなたにキスしたい！　あなたの滑らかな肌に触れたい！）

などと、赤裸々な思いをつづるのも、ときにはいいでしょう。もしかすると次の休日に彼氏（または彼女）が、あなたを訪ねて来てくれるかもしれませんよ。

It's so hard to live without you.

（あなたなしで生きるのは、とてもつらい）

などと言うのもいいですね。

要は、「相手がいなくて、どれほどつらいか」「相手のことをどれほど思い焦がれているか」ということが伝わればいいのです。

国際恋愛の鉄則 22
"言葉"をうまく使って会えなくて寂しい思いを伝えよう！

"結晶作用"にご用心！

よりみちコラム3

　『赤と黒』や『パルムの僧院』などの大恋愛小説を書いた文豪スタンダールは、『恋愛論』という本の中で"結晶作用"（crystallization）という言葉を使っています。オーストリアのザルツブルグの塩坑に木の小枝を入れておくと、半年後には塩の結晶が一面について、まるで水晶に覆われたように美しく変身しているということから、スタンダールは恋愛の際、相手と離れている時間にこの結晶作用が起こるのだと書いています。人は恋しい人と会えないでいると、その人の美しさや性格の素晴らしさを想像力で補って飾り立て、実際以上に素晴らしいものと思い込んでしまう傾向があるわけです。

　遠距離恋愛では、この結晶作用が起こりがちです。メールや手紙などは、たとえ仕事でイヤなことがあったとしても、いったん気持ちを落ち着けて、相手に対してやさしい気持ち、愛に満ちた気持ちになって書きますから、読んだ相手が嬉しく感じることばかり書き連ねますよね。国際電話やSkypeで毎日話すにしても、やはりそれは「恋人と向かい合う特別な時間」であり、気合いが入っています。その意味で、やはり"非日常"なのです。でも遠距離の生活が終わって、実際にその人と一緒に暮らし始めると、それはどこまでも「日常」であり「現実」になってくるわけです。

　つまり遠距離恋愛中は、お互いに自分のいい面だけで相手と接しようとするので、欠点はあまり見えませんし、離ればなれでいる分、相手を美化してしまいがちです。しかし実際一緒に暮らし始めると、メールや電話では気づかなかった、相手のイヤな面が見えてきてガックリすることも多いわけです。

　あまりロマンチックな話でなくて恐縮ですが、これは私自身の体験でもあります。ですから遠距離恋愛の期間は、なるべく短いに越したことはないですね。

遠距離恋愛の英語②

I wish you were here.
あなたがここにいてくれたら、いいのにな。

❖ 遠距離恋愛必須文法＝仮定法！

　ただし、毎日毎日そういう情熱的な言葉ばかりを言ったり書いたりし続けるわけにもいかないでしょう。

　そんなときは、たとえばその日見た映画について、I saw a very funny movie called *17 Again* today.（今日『セブンティーン・アゲイン』っていうすごく面白い映画を見たの）などと書いてから、

But if you had been with me, it would have been 100 times more fun!

（もしあなたと一緒に見ていたら、100倍も楽しかったでしょうに）

　などと続けてみるのもいいですね。

　これは仮定法過去完了で、「過去の事実に反する仮定や想像、願望」を述べる表現です。〈If＋主語＋had＋動詞の過去分詞，主語＋would [should, might]＋have＋動詞の過去分詞〉という形が使われています。これを応用して、

I had very delicious Indian food today.

（今日すごくおいしいインド料理を食べたんだ）

But if you had been with me, it would have tasted 100 times more delicious.

（でも、もしあなたが一緒だったら、100倍も美味しかったでしょうに）

　というように使ってもいいですね。

　あるいは、もっと単純に、

I wish you were here.

（あなたがここにいてくれたら、いいのにな）

　と言うのもいいです。

これは if を使っていませんが、「現在の事実に反する仮定」を仮定法現在で表わしています。I を取ってしまって、

Wish you were here.

と言ってもいいです。これはピンク・フロイドの有名な曲のタイトルにもなっていますね。ちなみに、*Wish You Were Here* という曲は、ピンク・フロイドのリーダーだったシド・バレットが精神を病んで脱退してしまい、残されたメンバーが彼のことを思って「キミがここにいてくれたら……」という思いを込めて作った曲だと言われています。

　さて、I wish you were here. という言い方を応用して、

I wish I were there with you.

（キミと一緒にそこにいられたらなあ）

　という言い方もできますね。たとえば相手がパリにいるとしたら、

I wish I were there in Paris with you.

（キミと一緒にそこ、パリにいられればよかったんだけどな）

　などというふうに使います。I が主語ですが、was でなく were を使うことにご注意。be 動詞の仮定法過去では、すべての人称で were が使われるからです。ただし口語では、I wish I was there. と言うこともありますけどね。

国際恋愛の鉄則 23

仮定法は「ここにいてくれたら」という思いを表すのにピッタリ！

遠距離恋愛の英語 ③

Sorry, I couldn't answer your call.
ごめんね、電話に出れなくて。

❖ すぐに返事ができなかったときは

　遠距離恋愛をしていて電話やSkypeなどで連絡を取っている場合、ときには出られないこともありますよね。そんなとき、相手からメッセージが残っていて、こちらからかけ直す場合には、

Sorry, I couldn't answer your call. I was in the shower.
（ごめんね、電話に出れなくて。シャワーを浴びてたんだ）

のように言います。

　あるいは仕事で残業があって夜遅く帰宅し、すぐにコールバックできなかった場合などは、

I had to work overtime and came home very late.
（残業で、帰宅したのがすごく遅かったんだ）

Then I felt so tired and went to bed without checking the messages.
（それですごく疲れちゃって、伝言をチェックしないで寝ちゃったんだ）

と言ったりするのもいいでしょう。

　ほかに、家族が病気だった場合などは、

My mother was sick and I went to my hometown to see her.（母が病気だったんで、故郷に見舞いに帰ったんだ）

などと説明します。

　遠く離れていると、少し連絡が取れないだけでも、相手は不安になりますから、ちゃんと理由を説明して、安心させてあげましょう。

国際恋愛の鉄則 24

不安は蓄積させず、すぐに取り除くべし！

実践アタック！ 聴く！効く！ 恋愛英会話

「国際恋愛の現場」を想定した会話文で、実践トレーニングにアターック！ 登場人物になりきって音読して発話力を、CDを聴いてリスニング力を鍛えましょう。遠距離恋愛は言葉がすべて！くらいの意気込みでネ！

国際電話

CD 19

M : Hi, sweetheart, how are you?
W : I'm OK, but I miss you all the time.
M : Oh, I miss you very much too.
W : It's very hard to be away from you. I want to see your face and touch your skin every day.
M : I feel the same. I have a good idea. Let's buy webcams and start using Skype. Then at least we would be able to see each other's face every day.
W : Good idea! I will go to buy a webcam and a headset this afternoon.

男性：やあ、ダーリン、元気かい？
女性：元気だけど、あなたがいなくていつも寂しいわ。
男性：ああ、僕だって君に会えなくてすごく寂しいよ。
女性：離ればなれでいるのは、すごくつらいわ。毎日あなたの顔を見て、あなたの肌に触れたいの。
男性：僕も同じ気持ちだ。いい考えがあるよ。web用カメラを買ってスカイプを始めよう。そうすれば、少なくともお互いの顔を毎日見ることはできる。
女性：いい考えね！ 今日の午後、webカメラとヘッドセットを買ってくるわ。

国際電話

M: Hello, darling, how are you?
W: Hi, sweetie, I'm OK, but I was a bit sad that I couldn't talk to you last night.
M: Sorry about that. I had to work overtime and came home very late. Then I felt so tired and went to bed without checking the messages. After waking up, I realized that you left a sweet message. Thank you for that.
W: Oh, it's fine. But you've been working very hard these days. Please take care of yourself.
M: Thank you. It's a very tough month for me. But hearing your sweet voice always gives me energy.

男性:もしもし、ダーリン、元気?
女性:ハーイ、スウィーティー、元気だけど、ゆうべはあなたと話せなくてちょっと寂しかったわ。
男性:ごめんね。残業で帰宅したのがすごく遅かったんだ。で、疲れてたから伝言をチェックしないで寝ちゃったんだ。起きてから、キミがやさしいメッセージを残してくれてたのに気づいたんだ。ありがとう。
女性:いいのよ。でもここのところ、すごく仕事してるわね。体に気をつけてね。
男性:ありがとう。今月は、すごく大変なんだ。でもキミのやさしい声を聞くと、いつもエネルギーがわいてくるよ。

解説

sweetieは**sweetheart**の略で、「ダーリン、愛しい人」という感じで恋人や夫、妻などに使います。

郵便はがき

1 6 6 - 8 7 9 0

料金受取人払

杉並支店承認

3075

差出有効期間
平成27年1月
31日まで

東京都杉並区
高円寺北2-29-14-705

Jリサーチ出版

「愛読者カード係」行

自宅住所 電話番号	〒　　　　電話（　　）		
フリガナ 氏　　名			
メールアドレス			
ご職業 または 学校名		男・女	年齢
ご購入 書店名			

※本カードにご記入いただいた個人情報は小社の商品情報のご案内を送付する目的にのみ使用いたします。

本書の書名をご記入ください

[   ]

Q この本をお買いになった動機についてお書きください。

Q 本書についてご感想またはとりあげてほしい内容についてお書きください。

Q 本書をご購入されたきっかけは何ですか。
1.書店で見て   2.新聞広告   3.雑誌広告
4.書評・紹介記事   5.小社ホームページ
6.電子メールサービス   7.その他インターネット(   )
8.図書目録   9.知人の勧め   10.先生の指定教材として
11.その他(   )

ご協力ありがとうございました。

● 小社新刊案内（無料）を希望する。　□郵送希望　□メール希望　□希望しな
● お客様のご意見・ご感想を新聞・雑誌広告・小社ホームページ等で掲載してもよ
　　　　　　　　　　　　　　　□実名で　　□匿名（性別・年齢のみ）

http://www.jresearch.co.jp

* SCENE 6 *
# 別れ話

「不吉なテーマだな。ボクとハニーは別れないぞ!」
「別れ話なんて、私たちには無関係だから読まないわ!」
ハイ、止めはしません。しかし、いつなんどき何が起こるかわからないのが、この世の中と男女の仲。母国語だってたやすく泥沼化するこのテーマ、リスク回避のためにも目を通してみては? 備えあれば憂いなしです!

別れの英語①
別れの英語②
ヨリを戻す英語
実践アタック! 〜聴く!効く!恋愛英会話〜

別れの英語①

I think we should separate.
私たちは、別れるべきだと思う。

❖ 別れ話を切り出す

　国際恋愛でも日本人同士の恋愛同様、うまくいかないことはありますね。最初はステキな人だと思って付き合ったけど、やっぱり思っていたのと違うとか、性格が合わないとか、我慢できないほどイヤな面を見てしまったとか……。そんな場合に別れ話を切り出す表現を見ていきましょう。

I think we should separate.

（私たちは、別れるべきだと思う）

　separate は「分ける」という意味もありますが、ここではズバリ「別れる」という言い方です。〈助動詞 should ＋動詞の原形〉で「～すべきだ」という意味になります。

●相手と合わない

I think we are too different.

（私たちはあまりにも違いすぎるわ）

　性格の不一致とか、好みの不一致など、この表現に続けて具体例を列挙するのもいいかもしれません。

You are vegetarian, but I like meat a lot.

（あなたはベジタリアンだけど、私はお肉が大好きなの）

You like rock'n'roll, but I like classical music.

（あなたはロックが好きだけど、私はクラシックが好き）

　モーツァルトなどクラシック音楽は classic ではなく、classical music と言います。

You like to stay up late, but I'm an early riser.

（あなたは夜更かしが好きだけど、私は早起きなの）

You like partying, but I prefer a quiet life.
(あなたはみんなで騒ぐのが好きだけど、私は静かな生活の方が好き)

　partying は「仲間と騒ぐこと；パーティーに出かけること」。prefer 〜は「〜の方が好き」という意味です。prefer A to B で「A の方が B より好き」ということを表します。

You are a city boy and I'm a country girl.
(あなたはシティーボーイで私は田舎娘なの)

国際恋愛の
鉄則
25

別れを決めたら、勇気を出して切り出そう。

別れの英語 ②

You are very selfish!
あなたって、すごく自分勝手だわ！

❖ 相手に問題がある

単に相手と"合わない"というのではなく、もっとハッキリ理由が分かっている場合は、説明して相手に理解を求めるのも有効です。

● 相手がだらしない

You are a very messy person, and I don't like to see your dirty room again.

(キミはすごくだらしないし、キミの汚い部屋を見るのは、もうゴメンだ)

messyは部屋などがすごく「散らかっている」ことをさしますが、messy personというと、「片付けや掃除ができない、だらしない人」をさします。恋人に、こう言われないように、部屋に招待するときは、念入りにお掃除をしておきたいものですね。ホコリが山のように積もっていたり、トイレが汚なかったり、ガラクタで床が見えないような部屋に招待されると、昔の日本女性なら「男の人ってダメねえ」などと母性本能をメラメラ燃やして片付けてくれたりするかもしれませんが、外国の人にそれを期待してはいけません。

男性でも女性でも、「汚い部屋を見せたら百年の恋も冷める」と思っていた方がいいでしょう。

● 相手が怒りんぼ

You get so angry with small things. I don't like that.

(あなたは、ちょっとしたことですぐ腹を立てるわ。そこがイヤなの)

get angryは「腹を立てる；怒る」ということです。

You are a very hysterical person.

(キミはすぐヒステリーを起こす)

hystericalは「ヒステリーを起こす」という形容詞です。

このような言葉を並べた後、

I cannot stand that anymore.

（もう我慢できない）

と伝えれば、相手も、あきらめてくれるかもしれません。

●相手が自分勝手

もっと激しい言葉を使いたければ、

You are very selfish!（あなたって、すごく自分勝手だわ！）

selfishは「自己中心的な；自分勝手な」という形容詞です。self「自分自身」のことだけ考えている、ということですね。

You only think about yourself. I'm not important for you.

（あなたは自分のことしか考えてない。私のことなんて、どうでもいいのよ）

importantは「大切な」という形容詞。したがって後の文は、「あなたにとって、私は大切じゃないんだ」という意味です。

●相手がウソつき

I'm tired of your lies.

（あなたのウソには、もうウンザリだわ）

相手がしょっちゅうウソばかりついていることがわかった場合、こう言います。be tired of ～で「～に飽き飽きする；ウンザリする」です。

I'm tired of your promises which never come true.

（あなたの決して実現しない約束は、聞き飽きたわ）

相手がその場かぎりの空約束ばかりして、ぜんぜん守らない場合は、この

ように言います。

●相手が金に汚い

You are only thinking about money.
(あなたは、お金のことしか考えてない)

「日本人は皆お金持ち」と勘違いして、日本人と結婚しようと寄ってくる人も、残念ながらいます。そういう場合、このように言うのもいいかもしれません。

You love my money, not me.
(あなたは私のお金を愛してるんであって、私を愛してるんじゃない)

You thought I'm interesting, just because I'm a foreigner.
(あなたは私が外国人だから、ちょっと興味を持っただけよ)

* * *

さて、いろいろ書いてきましたが、あまりに相手の醜い面が見えてしまった場合、あなたが旅人として相手の国にいるのなら、下手に相手を怒らせるといろいろ面倒なことになったり、危険な目に遭わされることもないとは言えません。そんな危険を感じたら、わざわざ口ゲンカするよりも、黙って旅立ってしまった方がいいケースもあります。ただし、お金などを借りている場合は、そのお金を封筒に入れてメッセージを添え、その人宛てにホテルのフロントなどに残しておきましょう。

国際恋愛の
鉄則
26

時と場合によってはフェードアウトもアリ！

ヨリを戻す英語

I cannot live without you.
僕はキミなしで生きていくことなんかできない。

❖ 別れ話を切り出されたら

　さて、前の項とは逆に、相手から別れ話を切り出されたけど、何とか思いとどまってほしい、別れたくないという場合、どうすればいいでしょう。

　心を尽くし、言葉を尽くして、気持ちを変えてもらうよう努力するのみです。ここでは、相手に思いとどまってもらうための表現を見てみましょう。

Please don't say such a thing. You know I cannot live without you.

（お願いだからそんなこと言わないで。僕はキミなしで生きていくことなんかできないって知ってるでしょ）

「別れたい」と言われて、このように言えば、相手もあなたにとって自分がすごく大切な人間なんだとわかってくれるかもしれません。日本人にはちょっと苦手ですが、「あなたが自分にとって、すごく必要なんだ」と言葉に出して言うことは、英語圏の文化においては非常に大事です。

●相手の好みに合わせる

I will be a vegetarian from today!

（今日からベジタリアンになります！）

　相手がベジタリアンで「あなたの肉食がイヤ」と言われた場合、これはもう宗旨の違いのようなものですから、別れたくなければ相手の主義を受け入れるしかありません。私自身もかつて、ベジタリアンのイギリス人女性と付き合っていた数年間は、一時的にベジタリアンになっていました。あれはあれで意外に慣れるものです。愛があれば、あなたにもできるかもしれませんよ。

I'll listen to classical music. Please recommend me some nice ones to start.
(僕もクラシックを聞くようにするよ。最初に何を聞いたらいいか、いいのを教えて)

相手がクラシック音楽が好きで、あなたがロックしか聞かないのが不満だと言われた場合、このように相手に譲歩し、その上で「手始めに何を聞いたらいい？」と教えを乞うのも一手です。reccommendは「推薦する」。nice ones to start は「(聞き)始めるのに、いいものをいくつか」という意味です。

このように「これまでの好みを変えてまで自分に合わせようとしてくれてるんだ」と思えば、冷めかけていた相手の愛にも、また火がともるかも。

●生活習慣を変える

I will change my life style.
(これから生活のスタイルを変えます)

「あなたは夜更かしが好きだけど、私は早起きなの」とか、「あなたはみんなで騒ぐのが好きだけど、私は静かな生活の方が好き」などと言われた場合、大切な人を失わないためには、生活習慣を変えるしかないかもしれません。

I will try to wake up early with you and try to go to bed early too.
(キミと一緒に早起きする努力をするし、早寝もするように努力する)

などと続けてみてもいいでしょう。

From now on, I will clean up my room every third day.
(これからは、3日に1度は部屋の掃除をします)

「キミの汚い部屋を見るのは、もうイヤ」などと言われてしまった人はこう

言うしかないですね。これに加えて、

You are a good influence on me.

(あなたは私にいい影響を与えてくれるわ)

などと言ってみるのもいいかも。influence は「影響」ですが、ここでは「影響を与える人」という意味です。

ただし、約束通りちゃんと掃除しないと、すぐに見捨てられてしまいますから頑張ってください。

●性格を改める

Sorry for having been histerical.

(ヒステリックでごめんなさい)

「キミはヒステリックだ」とか「怒りっぽくてイヤ」などと言われてしまったら、このように言って謝りましょう。そのうえで、

I have been frustrated with my work. But I will try to be calm.

(仕事でイライラしてたの。でも、もっと穏やかになるよう努力するわ)

と怒りっぽかった理由を説明し、これからはそうならないよう気をつけます、と言えば、相手も理解してくれるかも知れません。

I'm sorry. I have been spoiled by my parents. I will try not to be so selfish anymore.

(ごめん。僕は両親に甘やかされて育ったんだ。これからは、わがままばかり言わないようにする)

「あなたはわがままだ」などと言われたら、このように素直に謝り、今後そうならないように努力すると伝え、実際に努力しましょう。もしかするとこ

れは、自分を変革するいいチャンスかもしれませんよ。

●どうしても失いたくない相手

「私のことなんて、どうでもいいんでしょ？」などと言われてしまったら、No, no! と強く否定し、

It's not true. You are very very important for me.

（そんなことはないよ。キミは僕にとってものすごく大切なんだ）

と、自分が相手をどんなに大切に思っているか、伝えましょう。どうしても失いたくない相手なら、

You are the most important thing in my life.

（キミは僕の人生で一番大切な存在だ）

などと言ってもいいかもしれません。

「私が外国人だから、ちょっと興味を持っただけでしょ」などと言われたら、No. と否定した後、

I love you just because you are you. You are so wonderful person and very important for me.

（キミがキミだから好きなんだ。本当に素晴らしい人だし、僕にとってとても大切な人だから）

このように続けて、相手がその人であるがゆえに好きなのだとしっかり伝えましょう。心をこめて言うと、感激してくれるかもしれません。

♥ SCENE 6 ♥　別れ話

●ウソつき！と言われた

「ウソつき」と言われた場合には、

I didn't mean to lie to you.

（キミにウソをつくつもりはなかったんだ）

と言って、なぜ約束を守れなかったのか、続けて説明しましょう。

I try to come to the place to see you, but I had to work overtime. I try to reach your mobile, but it didn't work.

（キミに会いに、そこに行こうとしたんだけど、残業が入っちゃったんだ。キミの携帯に電話しようとしたんだけど、つながらなかった）

これに続けて、

But I really apologize. （でも本当にゴメンね）

などと付け加えれば、約束を破った場合でも、もしかして許してくれるかも。apologize は「お詫びします」という意味。「アポロジャイズ」と発音します。

*　　*　　*

いろいろと紹介してきましたが、こういうお詫びのときは、花束などを持っていくと、相手の気持ちが少し和らぐかもしれません。私自身、「お詫びの花束作戦」には何度もお世話になりました。

国際恋愛の
鉄則
27

心と言葉を尽くして天命を待て！

実践アタック！ 聴く！効く！ 恋愛英会話

「国際恋愛の現場」を想定した会話文で、実践トレーニングにアターック！ 登場人物になりきって音読して発話力を、CDを聴いてリスニング力を鍛えましょう。トラブルはいつなんどき降って湧いてくるかわかりませんからネ！

別れたい ➡ 引き止めたい

CD 21

M : I think we are not good for each other. You smoke a lot and I hate the smell of cigarettes.
W : Oh, I'm sorry. I will quit smoking. Please don't leave me.

男性：僕たちは合わないと思う。キミはすごくタバコを吸うけど、僕はタバコの匂いが大嫌いなんだ。
女性：まあ、ごめんなさい。わたし、タバコ、やめるわ。捨てないで。

解説

leave someoneは「人から離れる；別れる；去る」という意味です。**Don't leave me.**を直訳すれば「私から離れて行かないで；私と別れないで」。

別れたい ➡ 引き止めたい

W : I think we should separate. You like me just because I'm a foreigner.

M : Oh, no! It's not like that. I love you because you are you! You are a very wonderful person and you are very important for me. Please change your mind.

> 女性：私たち別れた方がいいと思う。あなたは私が外国人だから好きなだけでしょ。
>
> 男性：いや、そんなことないよ！ キミがキミだから愛してるんだ！ キミは素晴らしい人だし、僕にとってとても大切なんだ。お願いだから、気持ちを変えてよ。

解説

change one's mind は「気持ちを変える」ここでは、別れたいという気持ちを変えてほしい、と言っているわけです。

別れたい ➡ 引き止めたい

CD **23**

W : You are very messy. I'm tired of seeing your dirty room.

M : Oh, I'm sorry. I've been busy these days. But from now on, I will clean the room more often.

> 女性：あなたはホントにだらしないわ。あなたの汚い部屋を見るの、もうウンザリよ。
> 男性：ああ、ゴメン。ここんとこ、忙しかったんで。でもこれからは、もっと掃除するようにするよ。

解説

oftenは「しばしば；頻繁に」という意味です。

✱ SCENE 7 ✱
浮気

洋の東西を問わず、世の多くの恋愛はこのモンダイと背中合わせ、いわば永遠のテーマといってもいいのではないでしょうか。
「もしかして…」から始まって、「どういうこと!?」「違うんだ！」「嘘つき！」「ごめんなさいー！」まで、修羅場で使える会話フレーズと対話のスキルを知っておきましょう。

問いつめる英語
誤解をとく英語
浮気を謝る英語
実践アタック！　～聴く！効く！恋愛英会話～

問いつめる英語

How long have you been with her?
いつから彼女と付き合ってるの？

❖ 相手の浮気が発覚したら

　さて、ある程度付き合っていくと、ある日突然、相手が浮気しているのに気づくなどという悲しい事態に直面することもあるかもしれません。

　そんな事態にならないためには、深い仲になる前に時間をかけてじっくり相手を観察し、信頼できる人かどうかよく見極めてから進むのがよいのですが、なかなかそうもいかないのが恋というものですよね。

　もしパートナーが浮気しているように思える場合には、できるだけ心を落ち着けて、まずそれが事実なのかどうか確かめましょう。

●面と向かって問いただす

　まずは、相手の目を正面から見て、

Could you be honest with me?（正直に言ってくれる？）

とたずねます。そして、

I think you are seeing someone else.

（あなた、他の人と付き合ってるんでしょ）

と続けます。

　I think ...は「…だと思う」、see someone で「～と付き合う」という意味です。someone else は「他のだれか」。

　これらの表現は、女性だけでなく男性も使えます。以下の表現も同様です。

●浮気＆相手の確証をつかんだ

　もし相手が、とんでもない浮気者だとわかったら、

I know you have many other girlfriends.

（あなたに、他に女がたくさんいるのは知ってるのよ）

と言ってやりましょう。

女性に言うには、girlfriends を boyfriends に入れ換えます。

浮気相手の名前までハッキリわかっている場合は、

I know you had an affair with Jane.
(あなたがジェーンと浮気したのは知ってるのよ)

のように言います。affair は「浮気；情事」という意味です。have an affair with ～で「～と浮気する」。

また、浮気の現場、たとえば恋人がだれかとキスしているシーンなどを目撃してしまって、それを相手に伝えるなら、

I saw you kissing another girl last night.
(ゆうべ、あなたが他の女の子とキスしているのを見たわ)

だれかと肉体関係を持っているらしいと気づいたなら、

I know you slept with Mary.
(あなたがメアリーと寝たのは知ってるのよ)

などと踏み込んでみるのも一手。

●不確定要素が多い

▼相手は？

Who is she? (彼女はだれ？)

▼出会いは？

How did you meet her? (どうやって知り合ったの？)

▼時期は？

How long have you been with her?
(いつから彼女と付き合ってるの？)

▼どっちが大事？

Who is more important for you? Me? Or her?

（あなたにとってどっちが大事なの？　私？　彼女？）

　▼あなたにとって私って？

Am I not important for you?

（あなたにとって私は大切じゃないの？）

●もうだめだ

　さて、もろもろが明らかになり、相手との関係を終わらせたくなってしまったら、

　Our relationship is over.（私たち、もうおしまいね）

などと言います。relationship は「関係」ですが、ここでは「恋愛関係」のことです。

　I don't love you anymore.（もう愛してないわ）

と言ってもいいです。

　You are a liar. I hate you.（あなたは嘘つきだわ。大嫌い）

などと言ってもいいでしょう。hate は「大嫌い」という意味です。

　You disappointed me so much.（あなたには本当にガッカリ）

と言うのもいいでしょう。disappoint someone で「～をガッカリさせる；失望させる」という意味です。

国際恋愛の
鉄則
28

まずは落ち着いて。事実かどうか確認を。

誤解をとく英語

I love only you!
僕が愛してるのはキミだけなんだ。

❖ 浮気を疑われたら
　前の項とは逆に、あなたが浮気を疑われた場合は、どうすればいいでしょう？　潔白であるのなら、言葉を尽くして説明し、相手の疑念を晴らすしかないですね。

●身に覚えがない・誤解を解く
　もし、だれか他の人と浮気しているんでしょう？　などと言われたら、
　No! I don't have affairs.
（そんなことないよ！　浮気なんかしてない）
　と強く否定し、
　I love only you!
（僕が愛してるのはキミだけなんだ）
　と、ハッキリ伝えましょう。女性でも、同じ表現が使えます。
　You are the only love of mine.
（キミは僕のたった１つの愛だ）
　などと言ってもいいでしょう。
「〜と寝たんでしょ？」などと言われたら、
　No! Definitely not!
（いいや！　そんなことは絶対にしてない！）
　と強く否定します。しかし、But I saw you kissing her last night.（でもゆうべ、あなたが彼女にキスしているのを見たわ）などと言われたら、たとえばまず、こう言います。
　Oh, I can explain that.
（ああ、それなら説明できるよ）

Please listen to me.
(話を聞いてよ)

と言ってもいいでしょう。そして、

She kissed me suddenly. I didn't expect that at all.
(彼女が突然キスしてきたんだ。僕はぜんぜん、そんなこと予想もしてなかった)

I was so surprised and I couldn't move for a second.
(すごくビックリして、一瞬動けなかったんだ)

But I asked her never do it again. I told her that you are the only love for me and she has no chance.
(でも、2度とこんなことをしないでくれって彼女に言ったよ。僕にはキミしかいないから、彼女にはチャンスがないってね)

ここまで言えば、もしかしたら許してくれるかもしれません。

さらに、このように続けるのも効果的かもしれません。

Please understand that you are the most important person for me. And this will never change.
(どうかわかってほしいんだ、キミが僕にとって一番大切な人だって。そしてこれは、ずっと変らないよ)

とにもかくにも、誤解だと相手が納得してくれるまで、あきらめずに何度も説明し、説得することがかんじんです。

国際恋愛の鉄則 29

本当に潔白なら、何が何でも身の潔白を主張すべし

浮気を謝る英語

Please give me a second chance.
もう1度だけチャンスをください。

❖ 浮気がバレた・許しを請う

　もしあなたが本当に浮気をしてしまっていて、それがバレ、でもどうしても許してほしい、という場合は、まず、

I am really sorry. I was very stupid to have done this.
（本当にゴメン。こんなことをするなんて、すごくバカだった）
Please forgive me.
（どうか許して）
　と許しを請います。そして、

I cannot live without you. I finally realized how important you are for me.
（キミなしでは生きていけないんだ。キミがどれほど僕にとって大切か、やっとわかったんだ）
　などと続けましょう。
　あるいは、酒に酔っての失敗だった、というなら、

I was very drunk and didn't know what I was doing.
（すごく酔ってて、自分のやっていることがわからなかったんだ）
　と言います。
　相手となかなか会う時間が取れなくて、寂しかったんだ、と説明するなら、

I felt lonely because we couldn't see each other so often.
（あまり会うことができなくて、寂しかったんだ）
　などと言います。そして、

But I realized that it was totally wrong.
（でも、本当に間違ったことをしてしまったとわかったんだ）
　と言って、さらに許しを請います。

I really apologize. I swear I will never do it again.
(心から悪かったと思う。もう2度としないと誓う)
Please give me a second chance.
(もう1度だけチャンスをください)
　運良く、相手が寛大な人なら、もしかして許してくれるかもしれませんね。

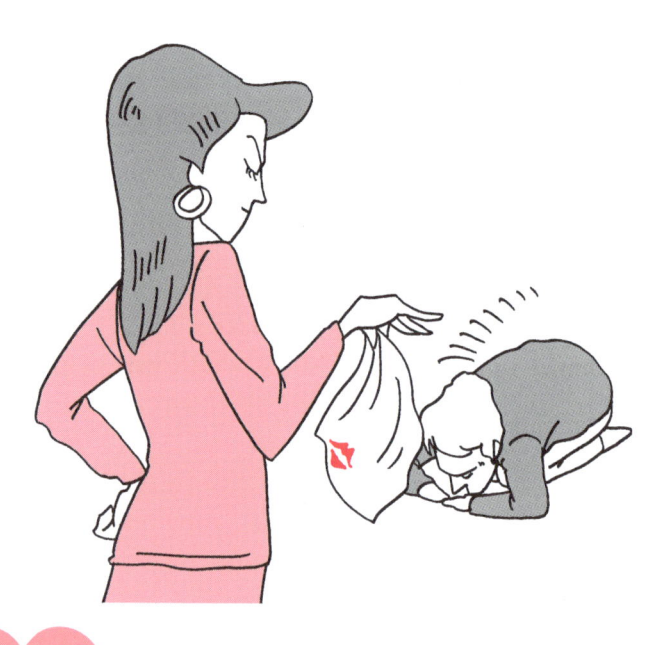

国際恋愛の鉄則 30

言葉を尽くして説明orひたすら謝罪

実践アタック！ 聴く！効く！ 恋愛英会話

「国際恋愛の現場」を想定した会話文で、実践トレーニングにアタック！ 登場人物になりきって音読して発話力を、CDを聴いてリスニング力を鍛えましょう。修羅場はいつなんどき降って湧いてくるかわかりませんからネ！

浮気疑惑浮上

CD 24

☆Wが日本人☆

W : Please be honest with me.
M : Yeah? What's up?
W : I think you are seeing someone else.
M : Me? No! What are you talking about?
W : Please don't lie to me. I saw you kissing Anna last night in a cab.

> 女性：正直に言ってくれる？
> 男性：えっ？ どうしたのさ。
> 女性：あなた、浮気してるでしょ。
> 男性：俺が？ そんなことないよ！ 何の話さ。
> 女性：ウソはつかないで。ゆうべあなたとアンナがタクシーの中でキスしてるのを見たの。

浮気について問い詰める

☆Mが日本人

M : I saw you kissing John at the station.

W : Oh, let me explain. He kissed me suddenly.

W : Do you think I believe that? I saw you didn't push him back.

M : That moment, I was so surprised and couldn't move. Because I didn't expect it at all. I've never thought of him that way.

M : I can't believe that.

W : Oh sweetheart, please believe me. You are so important to me. Compared to you, all other men are like garbage. You are the only love of mine.

M : Really?

W : Yes! I told John never to do such a thing again or I will kill him. I felt so disgusted after that.

♥ SCENE 7 ♥ 浮気

男性：キミが駅でジョンとキスしてるのを見たぞ。
女性：あら、説明させて。彼が突然キスしてきたのよ。
男性：信じると思ってるの？ 彼を押し返そうともしてなかったじゃないか。
女性：あの時は、すごくビックリして動けなくなっちゃったのよ。あんなこと、予想もしてなかったから。彼のことを男として意識したことなんてないもの。
男性：信じられないね。
女性：まあ、ダーリン、どうか信じて。あなたは私にとってとても大切なの。あなたに比べたら、他の男たちなんてただのゴミみたいなもんだわ。あなただけを愛してるのよ。
男性：ホントかい？
女性：ええ！ ジョンには2度としないでって言ったわ。さもないと殺すって。ホントに気持ち悪かったわ。

■ボキャブラリー■

□expect　予測する
□such a thing　そんなこと；あんなこと
□sweetheart　ねえ；きみ；あなた
　※恋人や夫や妻に対する呼びかけ。darlingとも言う
□feel disgusted　気持ち悪い
　※disgustは「嫌悪感を催させる」という動詞

浮気がバレる ➡ 謝る

W : You slept with Mary, didn't you? She told me on the phone last night.
M : Oh my god!
W : You did it, didn't you?
M : Well...yes.
W : I can't believe this. How could you do this to me?
M : I'm really sorry. I was very drunk and didn't know what I was doing.
W : You're disgusting.
M : You're right. I'm really sorry. Please forgive me. I swear I'll never do it again.

女性：あなたメアリーと寝たでしょ？ 昨夜彼女から電話で聞いたわ。
男性：あちゃ〜！
女性：寝たのね？
男性：う…うん。
女性：信じられない。なんで、そんなひどいことできるの？
男性：ホントにごめん。酔ってて、自分が何してるかわかってなかったんだ。
女性：あなたってサイテー。
男性：ホントだよね。心から謝る。どうか許して。2度としないと誓うから。

✲ SCENE 8 ✲
同棲・プロポーズ

2人の恋愛ストーリーのクライマックスであり、人生のひとつの大きな節目ともなるのがこのテーマ、同棲とプロポーズ（結婚）。
恋愛映画の主人公よろしく、ロマンチックな演出をめぐらせて申し込むもよし、直球勝負で行くもよし……要はいかに気持ちを相手に伝えるか、がいちばん大事。とりあえず、落ち着いていこー！

同棲提案の英語
同棲する・しない英語
ねばる英語
よりみちコラム4　外国人ダーリンとの暮らし
プロポーズする英語
保留＆断る英語
よりみちコラム5　国際結婚の手続き
実践アタック！　～聴く！効く！恋愛英会話～

同棲提案の英語

Would you like to live with me?
一緒に住もうか？

❖ 同棲を申し込む

　ある程度の期間付き合ったら、一緒に暮らしたり、結婚したりしたいという気持ちが出てくる場合もあるでしょう。宗教的・文化的理由などで不可能なケースもあるでしょうが、可能であれば結婚前に、試験的に同棲してみるのもいいのではないかと私は思います。毎日生活するうちに、一緒に住む前にはわからなかった相手のいろいろな面が見えてくるからです。そうしてよりよく相手を知ってから、籍を入れることを考えても遅くはないのではないでしょうか。

　ということで、ここでは、同棲したいという気持ちを相手に伝える表現について見ていきましょう。一言目はこんな感じで。

Would you like to live with me?
（一緒に住もうか？）

　Would you like to ～は「～したくないですか」というていねいなたずね方です。こう言った後に、いくつか理由を付け足してもいいかもしれません。

Then I can see your sweet face every morning and every night.
（そうしたら、あなたのステキな顔を毎朝、毎晩見ることができるから）

　これくらい甘いセリフを言った方が、相手をその気にさせやすいかも。

I'd like to spend more time with you.
（キミと、もっとたくさんの時間を一緒に過ごしたいんだ）

　などと言うのもいいですね。

　もし相手が経済観念の発達した人なら、

If we live together, it will be more economical, too.
（一緒に住んだ方が経済的だしね）

と言うのもいいかもしれません。

料理の腕に自信があるあなたなら、

I will cook dinner for you every day.

(毎日夕食を作ってあげるよ)

I will make a nice breakfast for you every morning.

(毎朝美味しい朝食を作ってあげる)

などと言ってみるのもいいでしょう。美味しいもの好きな恋人なら、即OKしてくれるかもしれませんよ。

国際恋愛の鉄則 31

相手をOKさせるには、同棲のメリットをアピールするのも手！

同棲する／しない英語

I'm not ready for that.
私には、まだ早いです

❖ 同棲を申し込まれたら

逆に、交際相手から同棲したいと申し込まれた場合の受け答えフレーズを見てみましょう。

●賛成！

I think it's a great idea!
（すごくいい考えだと思う！）
I agree with you.（賛成）
などと答えます。agree with ～で「～に賛成する」です。
I'd love to!（喜んで！）
と言うのもいいでしょう。これは、
I would love to live with you.
（ぜひ、あなたと住みたいです）
という文の、I would が短縮されて I'd になり、live 以下が省略された形です。

●うーん……

「同棲には、まだちょっと早いなあ」と思ったら、
Well, I'm not ready for that.（う～ん、私には、まだ早いです）
のように言いましょう。
be ready for ～で「～の準備ができている」という熟語です。この文では否定形で、直訳すると「私は、まだその準備ができていない」ということ。ですから「自分には、一緒に暮らすのはまだ早すぎる」という気持ちを表わすことができます。

●イヤ！

もっとハッキリと「あなたとは暮らしたくない」と伝えたければ、

Sorry, I like you, but I don't want to live with you.

(ゴメン、あなたのことは好きだけど、一緒に住みたくはないです)

というように言います。そしてその理由を説明します。たとえば、

You are fun, but I know you are very messy. So, if we live together, I will be the one who has to clean the room all the time.

(あなたは面白い人だけど、片付けが全然できないよね。だから、一緒に住んだら、いつも部屋の掃除をしなきゃならなくなるのは私でしょ)

のような感じで。messy は「だらしがなくて掃除ができない」人や、「片付けができない」人のことを表わしたり、部屋などが「散らかっている；グチャグチャになっている」ということを意味する形容詞です。

has to ～は「～しなくてはならない」という意味の have to ～の三人称単数形です。

それでもなお、「がんばって掃除するから！」などといって食い下がってきた場合、

How about the dishes? Will you wash the dishes, too?

(お皿は？　お皿も洗ってくれるの？)

How about washing the clothes?

(洗濯は？)

などと、たたみかけるのも手かもしれません。

でも、あまりに調子に乗りすぎて、どんどん条件を増やしていくと、相手

もさすがにイヤ気がさすかも……あきらめてもらいたい場合は、それはそれでいいって話もありますけどネ。

もっと違う断り方もあります。

I think it will be nicer for our relationship if we don't live together.

(一緒に暮らさない方が、2人の関係にとっていいと思う)

Now every time we see each other, we feel fresh and appreciate each other more.

(今は、毎回会うたびに新鮮だし、お互いのことを大切に思えるでしょ)

appreciate 〜は「〜をありがたく思う；賞賛する；真価を認める」という意味です。ここでは、「相手のことを、ああ、ありがたいなあ、とか大切だなあと思って、一緒にいられることに感謝する」というような感じです。re にアクセントがあり、「アプ**リー**シエイト」と発音します。

If you think I am so important for you, please respect my feeling that I want to have my own time and space.

(もし私のことを大切に思うなら、自分の時間や空間を持ちたいという私の気持ちをリスペクトしてちょうだい)

と言えば、相手もわかってくれるかもしれません。

国際恋愛の鉄則 32　「はい」「いいえ」「考え中」など、意思をハッキリ伝えよう！

♥ SCENE 8 ♥　同棲・プロポーズ

ねばる英語

What is the problem?
何が問題なの？

❖ 同棲を断られたら

残念ながら相手の反応がイマイチだったら、まずは次のようにたずねます。

Why you do say so?（なんでそんなこと言うの？）

What is the problem?（何が問題なの？）

これに対して前ページのように、「あなたは片付けが全然できない。一緒に住んだら、私が部屋の掃除をしなきゃいけないじゃない」などと言われてしまったら、

Oh no! I promise I will clean the room too.

（そんなことないよ。僕も掃除をするって約束する）

などと言ってみましょう。ここでのpromiseは、「約束する」という動詞です。

断られている理由があまりはっきりわからない場合には、

But I want to see you every day. I always miss you when I'm not with you. You are so important for me.

（でも僕は毎日キミに会いたいんだ。キミと一緒じゃないときは、いつも寂しいんだよ。キミは僕にとって、とても大切なんだ）

などと言えば、相手ももしかしてホロリとするかもしれません。

しかし、相手がサバサバした性格で、ベタベタされるのを嫌う人だと、逆効果かもしれませんから、相手の性格を見ながら、何と言うのがベストか考えた方がいいですね。

国際恋愛の
鉄則
33

相手の性格に合った説得方法で攻めよう！

外国人ダーリンとの暮らし

　私は以前、オーストラリア人の女性と数年間暮らしたことがあります。

　ハイ、ご明察どおり、前に書いた地下鉄のなかで出会った彼女です。スリムで色白、栗色の髪は背中の半ばまで伸び、細おもての顔立ちは、『ローマの休日』のオードリー・ヘップバーンにも負けないほどの美しさでした。なので、彼女が泊めてもらえるはずだった友人の家に、相手の都合で突然行くことができなくなって、私のアパートに転がり込んできたときは、「超ラッキー！」と思ったものでした。

　ところが一緒に住み始めてみると、彼女はとんでもなくmessyで、まったく整理整頓や後片付けができないということが判明したのです。

　そこで、『がまくんとかえるくん』という絵本の主人公のひとり、怠け者のがまくんから取って、私は彼女を「がまくん」と呼ぶことにしました。

　うちのがまくんのmessyさかげんは、まさに筋金入りでした。引き出しを開けたら開けっ放し、ボールペンを使ったら必ずキャップをなくす、歯を磨けば歯磨き粉の蓋ももちろん開けっ放し、服をバスルームの前に脱いだら、蛇が脱皮でもしたように床にそのままの形で脱ぎっぱなし、ヘアサロン代をケチって長い髪をときどきバスルームで自分でカットするのですが、切った髪は壁にくっつけておいてそのまんま……というていたらくで、私はほぼ毎日、

　Gama! How many times do I have to tell you?!　Tidy up!!
（がま！　何べん言わせんのさ?!　整理整頓しろよ!!）
　と口を酸っぱくして注意せねばなりませんでした。
（tidyは「整理整頓ができる：きちんとしている」という形容詞ですが、ここでは動詞です。tidy upで「整理整頓する」という意味になります。こ

> よりみち
> コラム4

れを命令形で使っています)

　それに加えて、原稿で徹夜仕事を終えた私が明け方になってようやく布団にもぐりこむと、数時間とせぬうちに彼女は仕事（英会話学校）に出かけるために起き出すのですが、私が寝ている枕元でヘアドライヤーをガンガン使い、続いて自慢の長い髪にヘアスプレーをたっぷり吹き付けるので、ドライヤーの騒音で起こされた上に、スプレーで窒息しそうになる、というまるでドリフのコントのような日々が毎日続き……。

　それでも毎日ガミガミ小言を言い続けた甲斐があってか、2年ほどたつ頃には、がまくんもかなり片付けができるようになりました。彼女の里帰りに付き合ってオーストラリアに行った際には、お母さんから、She became very very tidy! You educated her very well, just after one year. I couldn't do that for twenty three years.（あの子はホンットに整理整頓できるようになったわ〜！　たった1年でとてもよく教育してくれたわね。23年かけても私にはできなかったけど）と、大いに感謝されました。「いやあ、あなたがしっかり教育してくれなかったおかげで、こっちは毎日死ぬほど大変だったんですよ……」と思いましたが、もちろんそれは口に出さず、ニッコリ笑って受け流しました。しかし、そこにいたる日々は、まさに地獄の道のりでありました。

　こういうことも、一緒に住んでみなければ決してわからなかったでしょう。私が皆さんに、結婚前に試験的に同棲してみることをオススメするのは、「外国人ダーリン」との生活では、ときとして、こういうこともあるからなのです。でもまあ、日本人がパートナーでも、一緒に住むまでわからないことはたくさんあるのですけどね……。

プロポーズする英語

Will you marry me?
結婚してくれますか。

❖ 結婚を申し込む＆返事をする

さて、かなり長く付き合ったり同棲したりして「どうしてもこの人と結婚したい」と思ったら、どんな言葉で相手に伝えたらいいのでしょう？

ここでは結婚を申し込む表現、そして、それに対する返事の表現を見ていきましょう。

結婚の申し込みをする際はズバリ、こう言います。

Will you marry me?（結婚してくれますか）

これはプロポーズの定番表現です。よくハリウッド映画にも出てくるセリフですね。男性がひざまずいてこのセリフを言ったり、お洒落なレストランなどで相手の手を握り、じっと目を見つめながら言うケースが多いです。

日本人は相手の目を見て話すのが苦手な人が多いですが、特に欧米の人が相手の場合、目を見ないで言うと、心から言っているのかどうか疑われてしまう可能性があるので気をつけましょう。

また、こういうプロポーズの言葉を言うには、ふたりの気持ちが高まってきたタイミングを見て言うのもとても大事ですが、プロポーズするのにふさわしい場所選びも大切ですね。「いつ、どこで、どんなふうにプロポーズされた」ということは、私の妻もそうですが、女性は一生覚えていますからね。
さて、Will you marry me? と言われた場合、自分の心もすっかり決まっているのなら、答えは簡単。

Yes, I will!（ええ、するわ！）

と答えましょう。

国際恋愛の
鉄則
34

相手の目をしっかりと見て言うべし！

保留&断る英語

Let me think about it for a while.
少し考えさせて。

❖ 自分の事情に合わせて

さて、プロポーズされたものの、すぐに返事をしたくない、もしくはお断りしたい場合などは、そのむねきちんと伝えるようにしましょう。

●即答不能

Let me think about it for a while.（少し考えさせて）
for a while は「少しの間」という意味です。
具体的にどれくらいの期間なのか言うには、
Give me a week to think about it.（1週間考えさせて）
のように言います。
Give me one month to think about it.（1ヵ月考えさせて）
のように、期間を表わす表現は、必要に応じて入れ替えて使ってください。

●今は……

結婚にはまだ早すぎると思ったら、
I think it's too early to think about it.
（そんなことを考えるのはまだ早いと思う）
と言い、
We met each other just one month ago.
（まだ1ヵ月前に知り合ったばかりだし）
などと付け加えましょう。あるいは、
I don't want to get married yet. I have a lot of things I want to do before I marry.
（まだ結婚したくないの。結婚する前にしたいことがたくさんあるし）

などと言うのもいいでしょう。

●唐突すぎ

外国の人の中には非常にせっかちな人もいますし、相手が日本と経済格差のある国の出身の場合、リッチな生活を期待して結婚を申し込んでくるケースもあります。私自身も、成田空港で一度会って道案内しただけの某国の女性から「私の恋人になってくれない？ もしダメなら、私と付きあってくれる人、私と結婚してくれる日本人を紹介して」という手紙をいきなりもらって、ビックリしたことがあります。

このように、相手のプロポーズがあまりに唐突で、性急な感じがする場合は、

Why do you want to marry me?

（どうして私と結婚したいの？）

とストレートに聞いてみるのも、いいかもしれません。

そのときの相手の言葉や、しぐさ、表情などを見て、本当にこの人は自分を愛しているのか、もしそうだとしてもそれはどれくらい続くのか……などなどを、しっかり見極めたいところですね。

●相手に難アリ

相手に対して、「恋人としてはいいけど、結婚するにはちょっとね……」と思った場合は、

I think you are good lover, but I'm not sure if you would be a good husband [wife].

（あなたは恋人としてはいいけど、いい夫[妻]になるかどうか、私にはわからない）

♥ SCENE 8 ♥　同棲・プロポーズ

と言ってみるのもいいかもしれません。

*　　　*　　　*

　結婚は、なにしろ一生のことです。あまり早急に結論を出すのは考えものですよね。とはいえ、慎重になりすぎて千載一遇のチャンスを逃してしまうケースもあります。恋とか縁とかというものは、国籍が同じでも違っても、なかなか難しいものですね。

国際恋愛の
鉄則
35

あまりに性急・唐突な相手には注意も必要

国際結婚の手続き

　さて、国際恋愛の結果、結婚することになった場合、国際結婚の手続きはどうすればいいのでしょう？

　こちらが相手の国に行って住む場合は、国によって手続きも違いますから、ここでは相手と日本で暮らす場合の話を書きます。

◆まずは自分の地元の役所へGO!

　まずは、自分の住んでいる地区の市役所などに「国際結婚をしたいのだけど、必要な書類は？」と問い合わせましょう。そうすると「婚姻要件具備証明書」という長ったらしい名前の書類を出してください、と言われるはずです。そのためには、何をどうすればいいのかも教えてくれるでしょう。

◆相手の国の大使館に書類の取り寄せを依頼

　それから結婚する相手に、その人の国の大使館を通じて、結婚のために必要な書類を本国から取り寄せてもらいます。出生届けや、独身であることなど、結婚できる条件を満たしているという証明書などですね。(※詳細は役所でご確認ください)。これは頼んでから数ヵ月かかることもあります。

◆相手の国からの書類を和訳してもらい日本の役所へ

　相手の出身国から書類が大使館に届いたら、大使館で日本語に翻訳してもらい、婚姻要件具備証明書、婚姻届とともに、日本の役所に提出します。

**よりみち
コラム5**

◆婚姻受理証明書をもらって入国管理局へ

　市役所・区役所などに婚姻届を出したら、その際に婚姻受理証明書を発行してもらいます。そして入国管理局に行き、結婚した相手が日本人の配偶者として日本に滞在できるように、「配偶者ビザ」(正式には「在留資格認定書　日本人の配偶者等」)を発行してもらいます。すでに相手が日本に来ている場合は、「在留資格変更許可申請」をすることになります。(※必要書類や写真など、詳しくは、法務省入国管理局のホームページなどを見てください)

　そして入国管理局に行き、長時間待たされた挙句、「審査」という名で、いろいろな質問を受けます。

　「2人の出会いは？」とか「交際歴は？」など、かなりプライベートなことも聞かれますが、腹を立てずに答えましょう。近年はビザ目的のための偽装結婚も多いので、それを防ぐためにかなり審査が厳しくなっているのです。

　審査から2〜3ヵ月で結果が出ます。在留期間は、最初は1年または3年で、その審査官の判断によって異なります。そして期限が来る前に更新許可申請をしなくてはなりません。結婚して3年以上在留していれば、ビザの資格を「永住者」に切り替えてもらうよう申請ができます。

　入国管理局はたいてい非常に混み合っていますし、審査官も必ずしも感じがいい人ばかりではないですが、そこはぐっとガマンして、なんとかビザを取れるようにしましょう。

　ちなみに配偶者ビザが取れれば、いろいろな仕事やアルバイトも自由にすることができます。

実践アタック！ 聴く！効く！ 恋愛英会話

「国際恋愛の現場」を想定した会話文で、実践トレーニングにアターック！ 登場人物になりきって音読して発話力を、CDを聴いてリスニング力を鍛えましょう。チャンスはいつなんどき降って湧いてくるかわかりませんからネ！

同棲を提案 ➡ OK

CD 27

W : Would you like to live with me?
M : I think it's a great idea! Then we would be able to spend time together every day.
W : Yes. And I can cook nice food for you every evening.
M : Sounds fantastic!

> 女性：一緒に暮らさない？
> 男性：すごくいい考えだね！ そしたら毎日一緒に過ごせるな。
> 女性：ええ。それに私、毎晩あなたにおいしいものを作ってあげるわ。
> 男性：それってサイコー！

同棲を提案 ➡ OK

CD **28**

M : Would you like to live with me?
W : Well...I don't know. We just started seeing each other one month ago.
M : Time is not important for real love. If we live together, I will treat you like a princess.
W : That doesn't sound bad.

> 男性：一緒に暮らさないか。
> 女性：う〜ん…どうかしら。まだ付き合い始めて1ヵ月よね。
> 男性：時間なんて真の愛には重要じゃないさ。一緒に暮らすようになったら、キミを王女様のように扱うよ。
> 女性：それって、悪くないわね。

解説

　最後の文に出てくる **sound** は、『サウンド・オブ・ミュージック』のように、「音」という名詞の意味をご存知だと思いますが、ここでは、「〜のように響く」→「〜のように聞こえる」という意味の動詞です。**not sound bad** で、「悪く響かない」→「悪くない」という感じですね。カタカナ英語の「サウンド」と違って、「サ」にアクセントがあります。

同棲提案 ➡ 難色 ➡ ねばる

W: I think we should live together. I want to be with you every night.
M: I don't know if it's a good idea or not.
W: Why do you say that? You don't like me that much?
M: I like you, of course. But you are very messy. I was shocked when I visited your room the first time. And I cannot stand living in a messy room.
W: Oh...I'm sorry. I promise I will try hard to be tidier.
M: Well, let's wait for a while. I would like to see if you can really change your habits.

> 女性：私たち、一緒に住むべきだと思うわ。あなたと毎晩一緒にいたいの。
> 男性：それはいい考えかどうか、わからないな。
> 女性：なんでそんなこと言うの？　私のこと、あんまり好きじゃないの？
> 男性：キミのことはもちろん好きさ。でも、キミって散らかし屋だよね。初めてキミの部屋に行ったとき、すごくビックリしたよ。それに僕は散らかった部屋に住むのはガマンできないんだ。
> 女性：あら……ごめんなさい。もっと整理整頓するって約束するわ。
> 男性：まあ、ちょっと待ってみようよ。キミが自分の習慣を変えられるのかどうか、見てみたいから。

♥ SCENE 8 ♥　同棲・プロポーズ

解説

　stand ～は「～をガマンする」という意味です。**I can't stand the noise.** と言えば、「あの雑音（騒音）はガマンできない」ということ。会話中の文では、**cannot stand ～ ing** と後ろに動名詞を取って、「～することはガマンできない」となっています。

　messy の反対語は **tidy** で、「きれい好きな」人や、「整理整頓された」部屋などを表わす形容詞です。その比較級が **tidier** です。**y** が **i** に変って **-er** が付いていることにご注意ください。発音は「タイディ」、比較級は「タイディアー」です。

プロポーズ ➡ 保留

M : Will you marry me?
W : Well, let me think about it for a while.
M : Oh... how long do you need?
W : Give me one week.

> 男性：結婚してくれないか。
> 女性：う～ん、しばらく考えさせて。
> 男性：そう……どれくらい待てばいい？
> 女性：1週間ちょうだい。

プロポーズ ➡ 断る

W : Would you marry me?
M : Wait a minute. We just met last week!
W : Yes, but time doesn't matter for real love.
M : Well...For me, time matters. I think it's too early.

> 女性：結婚してくれる？
> 男性：ちょっと待って。僕ら、先週会ったばかりじゃないか。
> 女性：ええ、でも真実の愛に時間は関係ないわ。
> 男性：いやあ……僕には時間も大事だよ。早すぎると思うな。

✳ SCENE 9 ✳
暮らし

同棲や結婚ということになると、生活の全場面で英語が必要になります。
今まで"愛の言葉"中心だったあなたの英語生活に、料理や洗濯、掃除などのトピック＝日常生活が加わるわけです。ここで言いたいことがうまく言えないと、非常にストレスがたまり、ムダなケンカも勃発しかねません。そうならないために、細かいけれど大事なところ、押さえておきましょう。

料理する英語
家事分担の英語
掃除する英語
洗濯する英語
家族づきあいの英語①
家族づきあいの英語②
遠慮する英語
実践アタック！　～聴く！効く！恋愛英会話～

料理する英語

This is very delicious.
これ、すごく美味しいね。

❖ 味について話をしよう

　一緒に暮らし始めると、料理をしたり、してもらったりといったことも多くなるでしょう。互いに育った文化が違うので味覚の違いなどもありますから、それぞれの好みを伝えることも、時として必要になります。そのための表現を見てみましょう。

This is very delicious. Thank you for cooking!
（これ、すごく美味しいね。料理してくれてありがとう！）

　相手が美味しい手料理を作ってくれたら、このように「美味しかった」という気持ちを伝え、感謝しましょう。日本人はいったんカップルになってしまうと、相手の料理をほめたり服装をほめたりすることがガクンと減ってしまう人が多いようですが、外国人のパートナーとの生活では、こうしたことが非常に大切です。

　カレーやスープなど、国によっては非常に辛い食べ物を日常的に食べる人たちもいれば、まったく辛いものを食べない人もいます。たとえば、インドやタイ、マレーシア、メキシコなど暑い国の人たちは香辛料を大量に使ったスパイシーな料理を食べることが多く、逆にロシアやドイツなど寒い国の人たちは、あまりスパイシーな料理を食べず、そのため辛いものが苦手な人も多いです。

　作ってくれた料理があまりにスパイシーな場合、次のように伝えましょう。

Sorry, but this is too spicy for me.
（悪いけど、これは僕にはスパイシーすぎる）

Could you make it a little bit milder next time?
（今度は、もう少しマイルドにしてもらえる？）

　などと言い足してもいいですね。

逆にもっとスパイシーにしてほしい場合は、
I like it spicier.
(もっと辛い方が好きです)
などと言います。
また、料理の塩気が強すぎた場合は、
This is too salty for me.
(これは塩辛すぎます)
と言って塩分を減らしてもらいましょう。salty は「塩分が多くて塩辛い」ことを意味します。
Please use less salt next time.
(次は塩の量を減らして)
と言うのもいいでしょう。
I have high blood pressure and salty food is not good for me.
(僕は血圧が高いから、塩辛い料理はよくないんだ)
というように、理由を説明するのもいいですね。
This is too oily for me.
(これは油が多すぎ)
oily は、油 (oil) をたくさん使っているということ。ダイエット中の女性や、メタボが気になる人には大敵ですね。
I'm on a diet. Please make less oily food next time.
(ダイエット中なの。次はもっと油の少ないものを作って)
などと説明し、リクエストしてもいいかもしれません。

This food is too fatty for me.

(これは脂っこすぎる)

脂肪分が多すぎる肉などを出されたら、こう言ってもいいでしょう。

fat は「太っている」という意味もありますが「脂肪」という名詞の意味もあります。fatty はその形容詞形で「脂肪が多い」という意味です。

This is too sweet. It'll make me fat.

(これは甘すぎ。太っちゃうわ)

たとえばアメリカのケーキなどは日本のケーキに比べ、非常に甘いものが多いです。そういうものを毎日のように出されたら、こう言って抗議するのもいいかもしれません。

ただし、あまりに何でもかんでも文句をつけていると、

Then, you go shopping and cook by yourself.

(じゃあ、キミが買物に行って、自分で料理しなよ)

と愛想をつかされてしまうかもしれませんのでご注意を。

それから、言う際の口調も大切です。

I'm sorry, but this is too sweet for me.

(悪いけど、これは私には甘すぎるわ)

というように、I'm sorry, but というのを頭につけると、若干カドが立ちにくくなるかもしれません。

国際恋愛の鉄則 36

美味しかったら感謝の気持ちを伝えよう！

SCENE 9 ♥ 暮らし

家事分担の英語

Tomorrow is your turn.
明日はキミの番だよ。

❖ しっかり分担！

　欧米社会では男女が家事を分担するのが普通です。特に、女性も働いているようなケースではそうですね。

　たとえば自分が買物、料理をしたら、洗い物はしてもらっても当然でしょう。ここではそういう家事分担についての表現を見てみましょう。

I will go shopping and cook tonight, so could you wash the dishes?

（今夜は私が買物に行って料理するから、お皿を洗ってくれる？）

「××は私がやるから、○○はあなたがやって」と分担を頼む言い方です。

　あるいは、

Today I will cook and do the dishes, and tomorrow is your turn.

（今日は僕が料理と皿洗いをするから、明日はキミの番だよ）

　というように、日によって交代でやるのもいいでしょう。

do the dishes は wash the dishes と同じで、「皿を洗う」という意味です。

I will clean the room. Could you do the washing?

（私が部屋を掃除するわ。あなたは洗濯をしてくれる？）

　などと、仕事ごとに振り分けてもいいですね。

　ちなみに我が家では、ベッドルームの掃除は私が担当、自室は各自掃除し、ゴミ出しは妻が担当、皿洗いは料理を作った方がやり、次の回はもう1人が全部やるか、外食でおごる、というのが暗黙のルールとなっております。

国際恋愛の
鉄則
37

日ごと、仕事ごと……
家事分担は話し合って決めよう。

掃除する英語

Could you wipe the table?
テーブルを拭いてくれる?

❖ お掃除表現、あれこれ

さてここで、掃除に関する単語や表現を見ていきましょう。

掃除機は vacuum cleaner、「**ヴァ**キューム・クリーナー」と発音します。

vacuum は「真空」。つまり機械の中に真空状態を作り出してホコリを吸い取るわけですね。昔、トイレが汲み取り式だった時代に活躍したヴァキューム・カーも、この語から来ています。u が2つ続いているのにご注意。

vacuum には「掃除機をかける」という動詞の意味もあります。

I will vacuum the bedroom. Could you please clean the bathroom?

(私、寝室に掃除機をかけるわ。あなたは浴室の掃除をしてくれる?)

などのように使います。

はたきは duster。dust は「チリやホコリ」という名詞の意味と、「チリやホコリを払う」という動詞の意味もあります。-er がついて「ホコリを払うもの」→「はたき」となります。

雑巾は dustcloth、「ホコリを拭くための布」ということですね。duster という場合もあります。「床を拭くための雑巾」は floorcloth と言います。

テーブルなどを「拭く」は wipe を使います。

Could you wipe the table while I'm cooking?

(私が料理している間に、テーブルを拭いてくれる?)

のように使います。

国際恋愛の
鉄則
38

"万年掃除当番"がイヤなら
かしこく分担すべし!

洗濯する英語

Can I wash this with hot water?
これ、お湯で洗っていいの？

❖ 洗濯表現、あれこれ

洗濯機は washing machine。洗剤は detergent、石鹸と同じ語を使って soap とも言いますが、「手を洗う石鹸」と区別するため、soap for washing clothes と言うと、誤解が少ないかもしれません。

漂白剤は bleach、この語は、「漂白する」という動詞としても使います。「漂白剤」は bleacher とも言います。

柔軟剤は softner で、t は発音せず、「ソフナー」という場合が多いです。

乾燥機は drier、「髪を乾かすドライヤー」のことをさす場合もあります。髪の方は、hair drier と言えば、間違いがありません。

なお、欧米の洗濯機は、温度設定ができるものもあります。服の材質によっては、お湯で洗うと縮んだり痛んだりするものもありますので、注意が必要ですね。私もベルリンで妻のブラウスをうっかりお湯で洗濯して縮ませてしまい、えらく怒られたことがあります。

そういう事態を避けるためには、

Can I wash this with hot water?

（これ、お湯で洗ってもいいの？）

などと確認しましょう。

またドイツなど国によってはマンションのバルコニーに洗濯物を干すと「美観をそこなう」と言って近所から苦情がくる場合もあります。そのへんの事情はパートナーに確認しておくといいかもしれませんね。

国際恋愛の**鉄則** 39

外国の洗濯機は日本と違うことも。まずはパートナーに確認。

家族づきあいの英語①

Nice to meet you.
会えてとても嬉しいです。

❖ 相手の親に初めて会う

結婚したり同棲したり、一緒に住まなくても長い間1人のパートナーと付き合っていると、相手の家族や友人などとも付き合う場面が出てきますね。

日本人同士のカップルでも、お舅さんや姑さんとのお付き合いはなかなか大変ですね。ここではそういった場面の表現を見ていきましょう。

相手の親に初めて会う時はだれしも緊張するものですが、欧米の場合、息子や娘の恋人に対して気さくでフランクな人も多いので、あまり心配しすぎないようにしましょう。もし気難しい人だったとしても、それはそれです。

まずは「はじめまして」とあいさつし、会えた喜びを伝えます。

Nice to meet you. / I'm very glad to meet you.
(会えてとても嬉しいです)

それに続けて、

I heard a lot of nice things about you from John, so I was looking forward to meeting you.
(ジョンから、あなたについていろいろいい事を聞いてたんで、会えるのを楽しみにしてたんです)

などと言います。Johnの部分には、自分の恋人の名前を入れてください。

相手が「本当？ あの子は私について、どんなことを言ってたの？」などとたずねてきたら、こんなふうに言ってみましょう。

He told me you are very beautiful and good cook.
(彼は、あなたがとても美人で、お料理上手だって言ってました)

And he is right. You are beautiful.
(そして、彼の言う通りだわ。おきれいですね)

Jane told me you are very handsome and intelligent.

(ジェーンは、あなたがとてもハンサムで知的な人だと言ってました)

などとお父さんに言うのもいいですね。

要は、恋人から両親についていろいろ情報を聞いておくことです。

* * *

好きな食べ物や飲み物、お菓子などを聞いておいて、それをお土産に持っていくのも手です。たとえば相手がお酒が好きな人なら、

This is sake, Japanese rice wine.

(これは日本酒、日本のお米から作ったワインです)

などと言って、辛口のお酒を持参したりすると喜ばれるかもしれません。

富士山などの写真の映ったカレンダーなども、お土産に喜ばれます。外国の人にあげるには、いかにも「日本的」なわかりやすいお土産がいいようです。

Here is a calender for you with photos of Japan.

(これ、日本の写真が入ったカレンダーですが、どうぞ)

Here are small presents for you two. Japanese fans, sensu.

(これ、お2人にちょっとプレゼントです。日本の扇、扇子です)

などと言って渡します。

たとえばお父さんが野球やサッカーのファンだったら、ユニフォームをプレゼントしても喜ばれるかも。私の友達のお父さんがブラジルから来日したとき、大のサッカーファンだと聞いたので、ブラジル人が監督していたチームのユニフォームをプレゼントしたら、とても感謝されました。

国際恋愛の
鉄則
40

相手の親について事前情報を仕入れ、楽しく会話！

家族付き合いの英語②

I met her at the station.
彼女とは駅で出会いました。

❖ 親に対して彼氏、彼女をほめる

ここでは、相手の家族との会話でよく話題にのぼるであろうトピックで、使える表現をご紹介します。

相手の親御さんに対して、彼氏［彼女］をほめると、親御さんもたいていは喜んでくれます。

She is not just beautiful, but also warm-hearted person.
（彼女はきれいなだけじゃなくて、心も温かい人ですね）

He is not just handsome, but very kind and intelligent.
（彼はハンサムなだけじゃなくて、すごく親切で知的ですね）

などと言ってほめましょう。

❖ 2人のなれそめを説明する

2人がどんなふうに知り合ったのか、とか、どうして付き合うようになったのかなどというのは、パートナーの両親や親戚だけでなく、友達に会ったときにもよく聞かれることですね。まあ、説明は彼氏（彼女）に任せてもいいのですが、自分1人しかいないとき、たとえば台所で彼のお母さんの洗い物を手伝っていたり、父親と2人で酒を組み交わすような場合に聞かれた際を想定して、自分でも言えるようにしておいた方がいいでしょう。

How did you meet her?
（どうやってあの子と知り合ったんだい）

などと聞かれたら、

I met her at the station. When I was wondering which train I should take. Then she came to help me. She was very kind.

（彼女とは駅で出会いました。僕はどの電車に乗ったらいいか迷っていたんです。そしたら彼女が助けてくれたんです。すごく親切でした）

We met in the airplane to San Francisco. She was sitting next to me and we started talking and found that we both like opera of Morzart.

（サンフランシスコ行きの飛行機で会ったんです。彼女が隣に座っていたので話し始めたら、お互いにモーツァルトのオペラが好きだとわかって）

などという感じで説明します。

＊　　＊　　＊

また、これは英会話表現ではないですが、彼氏や彼女の両親の誕生日などには、花やプレゼントなどを、カードを添えて贈ると喜ばれます。特に欧米の人は、日本人以上に誕生日や記念日を大切にするので、忘れないようにしましょう。

国際恋愛の鉄則 41

ほめどころと馴れ初めは事前にまとめておこう！

遠慮する英語

I cannot live with them.
同居はできない。

❖ 向こうの親とどうしてもそりが合わない

彼氏や彼女の両親とはいえ、世代も違うし、考え方や好みも違う場合もあります。そういう場合には、毎年クリスマスなどを一緒に過ごすなどというのは、かなり苦痛ですね。欧米では日本のお正月のようにクリスマスを家族で過ごすのが一般的ですが、どうしてもイヤだったら、彼氏・彼女に説明して、ひとりで行ってもらいましょう。

* * *

I love you very much, and I like your parents, but it's very difficult for me to be with them for several days.

(あなたのことはとても愛してるし、あなたのご両親も好きだけど、ご両親と一緒に数日過ごすのは、私にはとても難しいの)

などと説明して、理解を求めましょう。

もしこのように正直に言うのがどうしても難しければ、

I'm sorry, but I will have to work that time. So I cannot go.

(ごめん、でもその頃は仕事があって。だから行けないの)

などと説明します。

もしパートナーが親との同居を求めてきて、それがどうしてもムリだと思ったら、

I'm sorry. I love you and I like your parents, but it's not easy for me to be with them every day. I cannot live with them.

(ごめんね。あなたは愛してるし、ご両親も好きだけど、ご両親と毎日一緒に過ごすのは難しいの。同居はできない)

♥ SCENE 9 ♥　暮らし

　と正直に伝えます。もちろんガマンして一緒に暮らせるのならいいですが、どう考えても無理だと思ったら、自分の気持ちを正直に伝えて話し合いましょう。

　日本人はなかなかこういうのが苦手で、つい説明もせずにパートナーに「こちらの気持ちも察してほしい」などと思ってしまいがちですが、「言葉で説明せずともわかってくれる」という"あ・うんの呼吸"のようなことは、外国の人を相手にしている場合、なかなかありません。

　私の友人の日本人女性は、アメリカ人男性と結婚したのですが、姑さんが2人のアパートに泊まりに来て、1週間たっても半月たっても自分の家に帰ろうとしないので疲れ果て、だけど、そのことを言い出せなくて苦しんでいました。

「言わずとも察してくれる」と思っていると、ぜんぜん察してくれず、ものすごいストレスになることが多いのが欧米社会です。「外国では、まず自分の考えを言葉で伝えるのが基本」と思って行動しましょう。

国際恋愛の
鉄則
42

無理して合わせるより、気持ちを伝えて話し合おう！

> **実践アタック！ 聴く！効く！ 恋愛英会話**
>
> 「国際恋愛の現場」を想定した会話文で、実践トレーニングにアタック！ 登場人物になりきって音読して発話力を、CDを聴いてリスニング力を鍛えましょう。日常のなにげない場面では的確なやりとりが要求されますからネ！

家事の分担

CD 32

W : I'm going shopping for food now. Could you vacuum the bedroom?

M : OK, I will. Shall I do the laundry as well?

W : No, you don't know which clothes should be washed with warm water. I'll put my clothes in the washing machine now. Could you hang them when they're done?

M : No problem.

> 女性：今から食料品の買物に行ってくるわ。ベッドルームに掃除機をかけといてもらえるかしら。
> 男性：いいよ、やっとく。洗濯もしようか。
> 女性：ううん、あなたはどれをお湯で洗ったらいいかわからないでしょ。私の服、今から洗濯機に入れとくわ。終わったら、干してもらえる？
> 男性：いいとも。

料理について：脂っこい

CD 33

M : Sorry, but this food is too fatty for me.
W : Oh I didn't know. Sorry about that.
　　This is normal in my country.
M : It's not your fault. But I'm on a diet now.

> 男性：悪いけど、この料理は僕には脂っこすぎるね。
> 女性：あらそうなの？　ゴメンね。私の国じゃこれくらいで普通なのよ。
> 男性：キミのせいじゃないんだ。ただオレ、今、ダイエット中なの。

料理について：辛すぎる

CD 34

W : The salad was very delicious, but this curry is too spicy for me. Could you make it a bit milder next time?
M : Oh is it too spicy for you? Sorry, I'll make it milder next time.
　　Drink some milk now. It'll help.

> 女性：サラダはとても美味しかったけど、このカレーは私には辛すぎるわ。
> 　　　今度はもう少しマイルドにしてもらえる？
> 男性：えっ、辛すぎた？　ゴメン、次はもっとマイルドにするから。
> 　　　今はちょっと牛乳を飲みなよ。楽になるから。

義母と初対面

MOM: Nice to meet you!

W: Nice to meet you too! I was looking forward to meeting you, because Tom told me a lot of nice things.

MOM: Oh, really? What did he tell you?

W: He said that you are very elegant and gentle. And I think he is right.

MOM: Oh, thank you very much!

義母: 会えて嬉しいわ！
女性: こちらこそ！　お会いできるのを楽しみにしてたんです。トムがいろいろお母さんについていいことを聞かせてくれたから。
義母: まあ、ホント？　どんなことを？
女性: お母さんはとてもエレガントでやさしいって。彼の言うとおりだと思います。
義母: まあ、どうもありがとう！

帰省の同行を断る

☆Mが日本人☆

W : You'll come with me to my parents' place at Christmas, won't you?
M : Well, this year I don't feel like doing so.
W : Why not?
M : I love you and I like your parents, but it's hard for me to be around other people for so long. I only spend one day a year with my parents. And that's on New Year's Day.
W : So you don't wanna go.
M : I'm sorry but I don't.

女性：クリスマスに一緒に私の両親の所に行くでしょ？
男性：いやあ、今年はあまりその気になれないな。
女性：どうして。
男性：キミのことは愛してるし、ご両親も好きだけど、人と何日も一緒に過ごすのは苦手なんだ。だって、自分の親とだって年に1日会うだけなんだよ。正月にね。
女性：じゃあ、行きたくないのね？
男性：悪いけど、そうなんだ。

解説

最後の文の、**I'm sorry but I don't.** は **don't** の後に **wanna go** が省略された文です。

そろそろ帰ってほしい

CD **37**

☆Wが日本人☆

W: How long do you think your mom is staying in our place? She has been here for ten days already.

M: I don't know. But if it's bothering you, I will ask her to go home.

W: Thank you. I like your mom and I don't want to be mean, but we need our own space.

> 女性：あなたのお母さん、いつまで私たちのところにいるつもりなのかしら？　もう10日になるわ。
> 男性：わからないなあ。でもキミがイヤなら帰るように言うよ。
> 女性：ありがと。あなたのお母さんのことは好きだし、意地悪したいわけじゃないけど、私には自分たちのスペースが必要なの。

解説

日本人は「じゃあ帰るように言うよ」とパートナーに言われても「そんなこと言ってほしくない」などと言ってしまいがちですが、遠慮しすぎるとストレスが溜まります。ストレートに気持ちを伝えることも、ときとして必要です。

✻ SCENE 10 ✻
身体・健康

恋愛も生活もやっぱり「身体が資本」。健全な精神を宿すための健全な肉体を、お互いに維持していきたいものです。また、異国で生活しなくてはならなくなった場合、自分やパートナーの身体に異変が起きるというのは、かなり不安なもの。オロオロせずに、きちんと英語で伝えられれば安心ですね。

体調に関する英語
症状の英語
気づかう英語
よりみちコラム6　無理はイケマセン！
実践アタック！　〜聴く！効く！恋愛英会話〜

体調に関する英語

I have a headache.
頭が痛い。

❖ 痛みなど症状を伝える

体調が悪いとき、それを伝える表現を知らないと、とても辛いですよね。パートナーやお医者さんに、病気や体調不良を伝えるための表現を見てみましょう。

I have a headache.（頭が痛い）

headache の発音は「ヘッドエイク」、ache は「痛み」という意味です。語頭にアクセントがあります。この -ache のつく単語を使って、いろいろな痛みが表わせます。

おなかが痛ければ、

I have a stomachache.（おなかが痛い）

stomachache の発音は「ストマックエイク」です。他にも、

I have a toothache.「トゥースエイク」（歯が痛い）

I have a backache.「バックエイク」（背中・腰が痛い）

I have a heartache.「ハートエイク」（心臓が痛い；心が痛い）

heartache は、文字通り「心臓が痛い」という意味と、失恋や恋の悩みなどで「心が痛い；胸が痛い」という意味があります。

また、pain を使って、

I have a pain in my heart.（心臓が痛い）

と言ってもいいです。

pain は体のいろいろな部分の痛みを表すことができます。

たとえば、下腹部が痛ければ、

I have a pain in the lower stomach.

I have a pain in the abdominal region.

などと言います。

♥ SCENE 10 ♥　身体・健康

「激痛がある」というときは、acute pain あるいは strong pain を使い、

I have an acute pain when I bend my left knee.
(左ひざを曲げると激痛があります)

のように使います。acute は「アキュート」と発音します。

他に痛みの表現としては、

I have a migraine.（偏頭痛がします）

などがあります。migrain は「マイグレイン」と発音。

また、手などが麻痺して無感覚の場合、

My left hand is numb.
(左手の感覚がありません)

のように言います。numb は「ナム」。b は発音しません。

「かゆい」というのは、itchy という形容詞を使います。たとえば、

My arm is very itchy.（腕がかゆい）

「気持ちが悪い」は feel sick。

I feel sick. Maybe I had too much wine.
(気持ちが悪いです。たぶん、ワインを飲みすぎました)

I feel sick from the motion of the ship.（船の揺れで、酔いました）

などと使います。乗り物酔いしやすい人は、ぜひ覚えておきましょう。

「寒気がする」は feel a chill という表現を使って、

I feel a chill.

と言います。単に寒い場合は **I feel cold.** でいいです。

国際恋愛の
鉄則
43

体調が悪いときは、症状を具体的に伝えるべし！

症状の英語

I feel stiff in my shoulders.
肩がこっています。

❖ 具体的な病名などをまじえて症状を伝える

●痔・出血

「痔」は hemorrhoid、発音は「**ヘ**モロイド」で、最初にアクセントがあります。

I have a hemorrhoid which is bleeding.

(私は痔で、痔から出血しています)

のように使います。bleed は「出血する」という動詞。

I cut my fingertip with the edge of a can. It's bleeding.

(缶の端で指先を切りました。出血しています)

などと使います。

I have a nosebleed.

(鼻血が出ています)

nosebleed は「鼻血」という名詞です。

●盲腸

「盲腸」は英語では appendicitis。「アペンディ**サイ**ティス」と発音し、「サイ」にアクセントがあります。もし下腹部が非常に痛くて、盲腸かもしれない、と思ったら、痛いところをお医者さんに手で示しながら

I have an acute pain around here. I wonder if I have appendicitis.

(この辺がすごく痛いんです。盲腸炎でしょうか)

と言いましょう。

ただ気をつけたいのは、アメリカでは医療費が非常に高く、盲腸の手術でも200〜300万円の手術代がかかることがありますので、アメリカ旅行の前には、海外旅行保険に必ず入っておきましょう。

●凝り

次に、肩や首などが「凝っている」場合は、

I feel stiff in my shoulders.
(肩が凝っています)
I'm suffering from stiff neck.
(首が凝って、つらいです)

などと言います。suffer from ～で「～で苦しむ；悩まされる」という意味です。

●貧血

「貧血」は anemia。「ア**ニー**ミア」と発音し、「ニー」にアクセントを置きます。

I'm suffering from anemia.
(私は貧血で困っています)

のように使います。

●生理

「生理」は period。「**ピー**リオッド」と発音します。語頭にアクセント。

It's my period. (生理中なの)

これは、

I'm having my period.

と言ってもいいです。

「生理」は menstruation とも言います。発音は「メンストル**エイ**ション」と、**a** にアクセント。日本語の「メンス」の元になった語ですね。こちらは医学

的な感じで、period の方が口語的です。

「生理が重い」は、

My period is heavy.

と言います。生理が遅れている場合は、

My period is one week late.

(生理が1週間遅れてるの)

というように言います。

「生理痛」は menstrual pain で「**メンストルアル・ペイン**」と発音し、最初の e にアクセント。もしくは、

I have a bad pain from period.

(生理痛がひどいの)

というように、period を使って言ってもいいです。もしくは、

I have cramps.

(生理痛です)

と言ってもいいです。cramp は「(筋肉などの)けいれん」を指しますが、cramps と複数形になると、「生理痛」を意味します。

国際恋愛の
鉄則
44

**イザというときのため、
病名などの英語を覚えておこう。**

♥ SCENE 10 ♥　身体・健康

気づかう英語

Are you alright?
大丈夫？

❖ 具合が悪いのかたずねる

パートナーの具合が悪そうな場合、まずは

Are you alright? （大丈夫？）

などとたずねます。ほかにも

What's wrong with you? （どうしたの？）
You look very pale. （顔が青ざめてるよ）
You look very tired. （疲れてるように見えるけど）

などと言ってみましょう。

What's wrong with ～？は体調だけでなく、機械などについても使えます。たとえば、What's wrong with your car?（キミのクルマ、どこが悪いの？）という感じです。

また、食事にあまり手をつけていないような様子なら、

You didn't eat much today. What happened?

（今日はあまり食べてないね。どうしたの？）

と聞いてみましょう。向こうがうまく言い出せない場合もあるので、気がついたらすぐに、こちらからたずねてあげましょう。

そして、さらに、

Is there anything I can do for you?

（あなたのためにできることが、何かありますか？）

と、体調の悪い相手に対して力になりたい気持ちを伝えましょう。

国際恋愛の
鉄則
45

相手の具合が悪そうなら、どうしたのか、こちらからたずねてあげよう

無理はイケマセン！

**よりみち
コラム6**

　私の友人のS子さんは南米に駐在して仕事をしていたのですが、あるときカゼをひいてしまい、熱もあったのだけど職場に行きました。そして上司や同僚に「ちょっと熱があるんだけど、大したことはないから……」と言うと、まわりは「本人が大丈夫って言うなら平気だろう」と、いつもと同様に彼女へガンガン仕事を振ってきます。

　S子さんは、「なんで誰も心配してくれないの？　この国の人って実はすごく冷たいのかな？」とショックを受けつつもなんとか仕事していましたが、やはり限界がきたので上司に「すみません、具合が悪いから帰ります」と言うと、あっさりとOKされて帰宅しました。

　あとでその国で働く先輩に相談したら、「この国では、みんなちょっとでも具合が悪かったら休むからね。仕事に来るってことは、その時点で、『大した病気じゃない』って思われちゃうの。だから、ちょっとでも具合が悪かったら、即休んだ方がいいよ」と言われました。

　体調不良と、それに対してどうするのが普通かというのは、国や地域、文化によっても違います。その国の文化に詳しい先輩やパートナーに、事情をよく聞いておくといいでしょう。

　でも「外国人はみんな遠慮せず言いたいことをズバズバ言うはず」と思っていると、必ずしもそうとは限りません。たとえば私の妻はドイツ人ですが、けっこうシャイで遠慮するタイプなので、彼女が自分で「大丈夫」と言っていても、実はかなり具合が悪いのにガマンしている場合もあったりします。そのため私は、その辺を的確に判断してフォローすることが求められるのですが、それを怠ると、後でとんでもない目に遭うのであります……。

SCENE 10　身体・健康

実践アタック！　聴く！効く！　恋愛英会話

「国際恋愛の現場」を想定した会話文で、実践トレーニングにアターック！　登場人物になりきって音読して発話力を、CDを聴いてリスニング力を鍛えましょう。体調不良にはいつなんどき見舞われるかわかりませんからネ！

どうした？ ➡ 生理

CD **38**

☆設定：生理のとき

M : You look pale. What's wrong with you?
W : It's my period. My period is always heavy.
M : Is there anything I can do for you?
W : No, thanks. If I lie down for a while, it'll be better. I took a painkiller.

男性：顔色が悪いね。どうしたの？
女性：生理中なの。いつも生理が重いのよ。
男性：何かできることはある？
女性：ううん、ありがとう。しばらく寝てればよくなるわ。鎮痛剤を飲んだし。

解説

paleは「青白い」という意味。
painkillerは「痛み止め；鎮痛剤」。文字通り、**pain**「痛み」を**kill**「殺す」わけですね。

どうした？ ➡ 腹痛

CD **39**

W : You didn't eat much today. What's wrong with you?
M : I have a bit of a stomachache.
W : Oh, that's too bad, my poor darling. Do you want to take some medicine?

> 女性：今日はあまり食べてないわね。どうかしたの？
> 男性：ちょっとおなかが痛いんだ。
> 女性：それはよくないわね、かわいそうなダーリン。何か薬飲む？

肩こり

CD **40**

W : I feel stiff in my shoulders.
M : Oh, shall I give you a massage?
W : Thank you, but I'll take a hot bath first.
M : OK, then, use some bath oil.

> 女性：肩がこってるわ。
> 男性：ああ、じゃ、マッサージしてあげようか？
> 女性：ありがと、でもまずお風呂に入るわ。
> 男性：わかった。それなら、バスオイルを少し入れなよ。

✳ SCENE 11 ✳
ベッドタイム

さてここからはR18指定でお願いします……というのは冗談ですが、恋愛関係にある男女が、まず避けては通れない場所、それがこのテーマです。
英会話教室の先生になんてもってのほか、友達にだってなかなか聞きづらい"国際恋愛のベッドルーム"を、ちょっと覗いてみましょう。
といっても、構えすぎる必要はナシ。大切なのは、相手を思う気持ち、ですもん。

ベッドに誘う英語
ベッドに誘われた英語
セーフセックスの英語
避妊する英語
性的リクエストの英語
挿入してほしい英語
実践アタック！　〜聴く！効く！恋愛英会話〜

ベッドに誘う英語

I want you.
キミがほしい。

❖ 相手をベッドに誘う

直接的な表現で、パートナーをセックスに誘いたければ、

Would you like to make love with me tonight?

(今晩、メイクラブしたい?)

のように言います。make love は「セックスをする」という動詞ですが、この言葉自体に悪い感じはありません。

日本人はハリウッド映画の登場人物などが fuck という言葉を多用するのを聞いて、すぐマネして使いたがりますが、fuck は本来、かなり下品な言葉だと言うことをお忘れなく。相手の年齢層や社会的階層にもよりますが、ヘタに使うと眉をひそめられたり、場合によっては嫌われてしまったり、最悪の場合、ひっぱたかれることすらありますから、注意しましょう。

make love より、もう少し遠まわしな言い方をしたければ、

Would you like to do something with me tonight?

(今晩、私[僕]と何かしない?)

などと聞いてもいいでしょう。2人だけに通じる秘密の言葉を決めておいてもいいですね。

逆に、もっと直接的に、

I want you.

(キミがほしい)

という言い方もできます。また、sexy という単語を使って、

I feel sexy tonight.

(今日はエッチな気分なの)

などと言ってもいいかも。feel sexy で「セクシーな気分である;エッチな気持ちである」という感じです。長く付き合っている相手なら、

I'm horny tonight.
（今晩はムラムラしてるの）

などというのもアリかも。horny は「ムラムラした；エッチな；スケベな」という感じを表わす形容詞です。ちょっと強烈かもしれませんが……。

Let's go to bed.（ベッドに行こう）

と言ってみるのもいいでしょう。

お互い気心が知れたカップルなら、もっとストレートに、

Let's have sex. We haven't done it for two weeks.
（セックスしましょう。2週間もしてないわ）

などと言ってもいいかもしれません。

国際恋愛の
鉄則
46

"その気"になったら
ちゃんと気持ちを伝えるべし！

ベッドに誘われた英語

Sorry, but not tonight.
ゴメン、今晩はちょっと。

❖ ベッドに誘われた

ベッドに誘われて、OK と言いたければ、

Yes, I'd like to.（うん、したい）

Yes, definitely.（うん、もちろん）

Yes, I want to do it, too.（うん、私もしたい）

などと答えます。また、ちょっと婉曲的に、

Do you have to ask?

（そんなこと聞く必要ある？〈= もちろん〉）

という表現を使い、賛成の意を表すのもいいですね。

逆に気が乗らないときは、

Well...sorry, but not tonight.（う〜ん…ゴメン、今晩はちょっと）

などと言ってから、

I'm too tired.（ヘトヘトなんだ）

I have a very important report to finish tonight.

（今晩終えなきゃいけない大事なレポートがあるんだ）

I have a headache.（頭が痛いの）

などと理由を説明します。

なお、これらの表現は、ベッドに誘ったり誘われたときだけでなく、普通に何かを「一緒にしない？」と誘われた際に使えます。

＊　＊　＊

さて、相手に断られて、心からガッカリしたときは、

Oh, I'm very disappointed.（あ〜あ、すごくガッカリ）

と言ってみるのも手です。相手が病気のときなどに言うのはよくないですが、それ以外のときだったら、相手も、

I promise you we will do it tomorrow.
(明日はするって約束する)

などと言ってくれるかもしれません。

こちらが「ガッカリ〜」などと言っても全然相手にしてくれない場合、あなたはこう言うかもしれません。

Okay, I will do it by myself.（いいよ、自分でするから）

Okay, I will masturbate.（じゃあオナニーしちゃうもん）

などとストレートに言うのも、場合によっては有効。あなたのあられもない姿を想像して、相手もその気になってくれたりして……。

国際恋愛の
鉄則
47

セックスを断るときは理由を説明するべし！

セーフセックスの英語

Let's practice safe sex.
セーフセックスをしましょう。

❖ 安全なセックスの提案

　safe sex というのは文字通り「安全なセックス」、すなわちコンドームを使ったセックスです。「safe sex をしましょう」と言うのは、特に初めてベッドを共にする相手との間で重要ですね。妊娠を防ぐだけでなく、エイズをはじめとするさまざまな性感染症（sexually transmitted disease = STD）を防ぐのにも、かなり有効です。

　私の知人の日本人女性で「自分は生理がつねに順調だから、危険日か安全日かハッキリわかるから大丈夫」と、いろんな外国人男性とコンドームを使わずにセックスしていて、クラミジアに感染してしまったという人がいます。

　エイズでなくてまだよかったですが、お医者さんに行くのはかなり恥ずかしかった、とボヤいていました。そんな事態を避けるためにも、その相手のことをよく知らないうちは特に、safe sex を心がけましょう。

　いざ、コトが始まりそうになったら、

Let's practice safe sex.

（セーフセックスをしましょう）

と言います。あるいは、もっと直接的に、

Please use the condom.

（コンドームを使ってね）

とハッキリ言った方がいいかもしれません。

　あなたが男性なら、相手に言われなくても、黙ってコンドームを付けましょう。もし女性が、I'm on the pills, so you don't have to use the condom.（私ピルを飲んでるから、コンドームなんか使わなくて平気よ）と言ってきた場合も、ピルで妊娠は防げても STD は防げませんから、

I'd like to practice safe sex.
(僕はセーフセックスをしたいんだ)

と伝えて、コンドームを付けましょう。

場合によっては、ちょっと興ざめな感じになってしまうかもしれませんが、これはまあ、しょうがないですね。

「この相手なら絶対に性病はありえない」と確信できる根拠——たとえばvirgin であるとか——があるか、「この人になら万一性病をうつされてもいい」と覚悟を決めてするのならいいのですけど。あまりロマンチックでない話で恐縮ですが……。

ちなみに pills は正式には、birth control pills と言います。

国際恋愛の
鉄則
48

「セーフセックスをするのは当然」
という態度で！

避妊する英語

Please don't come inside.
私の中では射精しないで。

❖ 外に射精してくれと頼む

もしそのときコンドームがなくて、それでも「どうしても今、この人と結ばれたい」「だけど妊娠は不安」という場合は、

Please don't ejaculate inside me. （私の中では射精しないで）

と頼みます。ejaculate は「射精する」という動詞。「**イ**ジャキュレイト」と発音し、語頭にアクセントを置きます。

come（いく）という動詞を使って、**Please don't come inside.**

という言い方もできます。その後に、

I don't want a baby yet.

（私、まだ赤ちゃんは、いらないから）

と付け加えるのもいいでしょう。そして、そう言われたら、

OK, I don't want a baby yet either.

（わかった、僕もまだ赤ちゃん、ほしくないし）

などと答えます。

ただし、膣外射精しても100％避妊できるわけでないので、ご注意。途中で精液が少しずつ漏れる場合もありますし、男性がうまく自分をコントロールできず、中で射精してしまう可能性もありますから。

ちなみに「精液」は sperm と言い、発音は「スパーム」です。日本では「スペルマ」とか「ザーメン」などとも言いますが、これらはラテン語の sperma（スペルマ）や、ドイツ語の Samen（ザーメン）から来ています。英語では semen（発音は「シーメン」）とも言います。

国際恋愛の鉄則 49　妊娠は避けたい、とハッキリ伝えよう

性的リクエスト英語

I'd like you to do it more gently.
もっと優しくしてほしいの。

❖ ピロートーク――性の好みについて話す

「性の不一致」は「性格の不一致」と並んで、カップル崩壊する理由の高位を占めています。欧米のカップルは、中には保守的な人もいますが、セックスの好みについてオープンに話し合う人も多いです。ですから、パートナーのセックスのしかたが自分の好みとあまりにも違う場合は、恥ずかしがらずに話し合いましょう。そうしないと、ずっとムリをして、味気ない（あるいは痛いだけの）セックスを続けたあげく、気持ちも冷めていってしまうことにもなりかねませんから。

●相手が身勝手

相手の身勝手なセックスに嫌気がさしたら、どう言えばいいでしょう？ たとえば、男性がロクに foreplay（前戯）もせずに、せっかちに挿入しようとする場合。機会を見て、以下のように言ってみましょう。

Usually you don't touch me or lick me so long, but just put your penis inside me. I don't like it.

（あなたはいつも私をあまり長く触ったり舐めたりせずに、ペニスを入れるわ。そういうのはイヤなの）

penis は「**ピーナス**」と発音します。アクセントは語頭の「ピー」にあります。この語の i はあいまい母音なので nis の部分が「ニス」というより「ナス」という感じに聞こえることが多いです。put 〜 inside…で「…に〜を入れる」という意味を表します。

●ゆっくり愛してほしい

相手がいつもせっかちで、しかも自分だけ先にいっておしまい、みたいな

身勝手なセックスをする人なら、

I'd like you to love me slowly. Please take more time and make me come before you come.

(ゆっくり愛してほしいの。もっと時間をかけて、あなたがいく前に、私をいかせてほしいわ)

と言いましょう。make someone come で「～をいかせる；性的絶頂を与える」という意味です。

●相手が乱暴

相手のやり方が乱暴で、あまりそれが好きでない、と言うには、

You do it quite rough. I'd like you to do it more gently.

(あなたは、とても乱暴にするわ。もっと優しくしてほしいの)

rough は、ここでは副詞的に「乱暴に」という意味で用いています。「ラフ」はカタカナ英語にもなってますね。

Your way of making love is quite rough. But I don't like it.

(あなたのセックスのしかたは、とてもラフだわ。私、そういうの好きじゃないの)

と言ってもいいです。

逆に、あなたにちょっと"Mっ気"があり、ラフに愛してほしい場合は、

I'd like you to love me a bit rough.

(ちょっとラフに愛してほしいの)

などと言います。

♥ SCENE 11 ♥　ベッドタイム

●触ってほしい

どこかを触ってほしい場合、たとえば相手の手を導いて、

Please touch me here.（ここを触って）

と言います。

Please touch my breast gently.（胸をやさしく触って）

などと使います。

●舐めたり、しゃぶってほしい

特定の部分をさして、そこを舐めてほしいと言うには、

Please lick me here.（ここを舐めて）

Please lick me there.（そこを舐めて）

と言います。

「舐める」は lick ですが、「吸う；しゃぶる」は suck です。

Please suck my nipple.（乳首を吸って）

Please suck my penis.（ペニスをしゃぶって）

などと使います。penis はスラングでは cock とも言います。発音は「コック」です。でも、この表現を使うと下品と思われる場合もあるので、注意が必要です（ちなみにカタカナ英語で「料理人」のことを「コック」と言いますが、英語では cook「クック」ですから、気をつけましょう。また chef という言い方もします。これはフランス語から来ています。日本でも最近は「シェフ」という言い方をよく使いますね）。

国際恋愛の
鉄則
50

好きなセックスのしかたを 照れずに相手に伝えよう

挿入してほしい英語

Please put it in.
入れて。

❖ 挿入してほしいとき

さて、かなり前戯に時間をかけてもらって、興奮が頂点に高まり、もう、すぐにペニスを入れてほしい、というときは、

Please give me your penis.

(ペニスをちょうだい)

Please put it in.

(入れて)

などと言います。

女性が指を入れてほしい場合にも、put in を使い、

Please put your finger in my pussy.

(プッシーに指を入れて)

Put your finger inside me.

(指を私の中に入れて)

などと言います。

❖ 動かしてほしいとき

挿入した後、中で動かしてほしい場合、たとえば、

Please move your penis around inside me.

(私の中でペニスをグルグル回して)

などと言います。move 〜 around で「〜を回す；動かす」という意味です。

逆に男性が女性にお尻を動かしてほしいと言うには、

Please move your ass around.

(お尻を回して)

のように言います。

❖ 気持ちがいいと伝える

　日本人はシャイで、セックス中無口な人が多いと思いますが、欧米の人の場合、気持ちがいいと感じたら、それを相手に伝える人が多いです。たとえば、

Oh, I feel very very good!

（ああ、すっごく気持ちいい！）

　という具合です。

　これは女性だけでなく、男性の側もそうです。

　相手に触ってもらったり、舐めてもらったりして、気持ちいいと感じたら、

It feels so good. Please don't stop.

（それ、すごく気持ちいい。やめないで）

　という具合に伝えます。そうすることによって、互いの性的興奮がいっそう高まるわけです。

　セックスは「肉体を使った愛のコミュニケーション」ですが、体だけではなく言葉もうまく使うと、より一層快感が高まり、愛情を深めるのに役立ちます。あまりシャイにならず、素直に気持ちを伝えることで、「セックスレス・カップル」になるような事態も防止できるでしょう。

国際恋愛の鉄則 51　**気持ちよかったら、言葉や態度で伝えるべし！**

実践アタック！ 聴く！効く！ 恋愛英会話

「国際恋愛の現場」を想定した会話文で、実践トレーニングにアタック！ 登場人物になりきって音読して発話力を、CDを聴いてリスニング力を鍛えましょう。チャンスはいつなんどき降って湧いてくるかわかりませんからネ！

ベッドへ誘う ➡ ゴメン

CD **41**

W : I feel very sexy tonight. Would you like to do something with me?
M : Well...Sorry, but not tonight. I'm too tired.
W : Oh, How disappointing.
M : I promise we'll do it tomorrow night.
W : OK, please don't forget.

女性：今夜はとてもセクシーな気分なの。私といいこと、したい？
男性：う～ん…ゴメン、でも今晩はチョット。ヘトヘトなんだよ。
女性：あ～ら、すごくガッカリ。
男性：明日の晩はするって、約束するから。
女性：わかったわ、忘れちゃイヤよ。

ベッドへ誘う ➡ OK

CD 42

M : Would you like to make love with me tonight?
W : Do you have to ask?
M : OK. I'll come home as early as possible.

> 男性：今晩メイクラブしたい？
> 女性：もちろん。
> 男性：OK。できるだけ早く帰ってくるよ。

セーフセックスの提案

CD 43

W : I'm not ready to have a baby yet. Please use protection.
M : Oh don't worry. We don't need it.
W : Oh no, you should use it. Otherwise, we won't do it.

> 女性：まだ赤ちゃんはほしくないの。コンドームを使って。
> 　　　(protectionは「防ぐもの」という意味ですが、ここではコンドームのこと)
> 男性：心配ないよ。そんなの必要ないさ。
> 女性：ダメダメ、コンドーム使って。そうじゃなきゃ、セックスするべきじゃないわ。

セーフセックスの提案

CD **44**

W : I'm on the pills, so you don't have to use a condom.
M : Well, I think we should practice safe sex.
W : OK, if you say so.

> 女性：ピルを飲んでるから、コンドームは使わなくていいわよ。
> 男性：う〜ん……セーフセックスした方がいいと思うんだ。
> 女性：OK、あなたがそう言うなら。

性の好みについて

CD **45**

W : You don't pay enough attention to what I want.
M : Oh I'm really sorry. I didn't know you felt that way.

> 女性：あなたは、私がどうしてほしいのか、あまり考えてないわ。
> 男性：ああ、ほんとにごめん。キミがそんなふうに思ってるって気づかなかったんd。

* SCENE 12 *

妊娠・出産

出会って、惹かれ合って、一緒になって……そんな2人に訪れる次なるステージ——妊娠＆出産。
カップルの数だけ事情は違いますし、残念ながらもろ手をあげて喜びに浸れない場合もあるかもしれませんが、誠実に真正面から向き合うことで乗り切りましょう。

家族計画の英語
妊娠した英語①
妊娠した英語②
喜び報告の英語
実践アタック！　〜聴く！効く！恋愛英会話〜

家族計画の英語

How many children do you want?
子どもは何人ほしい？

❖ 家族計画について話す

　結婚してから、あるいはその前に、相手と将来の家族計画について話し合うのは大切ですね。その部分について思いが食い違っていると、夫婦関係の亀裂のもとになりかねません。

　何人子どもを作りたいかたずねるには、

How many children do you want?（子どもは何人ほしい？）

と言います。これに対して返事は、

I would like to have three children.（3人ほしい）

I want only one. Because the education costs a lot in Japan. And Japanese houses are very small.

（1人だけ。だって日本は教育費がすごくかかるから。それに日本の家はすごく狭いし）

I don't want to have children. Because I don't like children.

（子どもはほしくない。子どもが好きじゃないから）

などと答えます。

　最後のように答えた場合、

You don't like children? Why?（子どもがきらい？　なぜ？）

などと聞かれるかもしれないですね。

　いずれにせよ、こういうことは、事前にじっくり話し合った上で結婚に踏み切る方がいいでしょう。

国際恋愛の鉄則 52

将来の家庭生活を明るいものにするためにも家族計画はしっかり話し合うべし！

♥ SCENE 12 ♥　妊娠・出産

妊娠した英語①

I think I'm pregnant.
妊娠していると思うの。

❖ 妊娠および産む意志を伝える

　結婚している相手や付き合っている相手、あるいは一度きりのつもりだった相手との性交渉の結果、妊娠した場合、そのことを相手に伝えたり、自分がどうしたいのか、あるいは相手にどうしてほしいのかを伝えるための表現、そしてそれに対して答える表現を見ていきましょう。

　まず、相手と真剣な話をするために、

I have to tell you something.（話があるの）

と伝えて、時間を作ってもらいます。something の後に、important を付けて、

I have to tell you something very important.

と言ってもいいでしょう。

　そうして2人きりの時間ができたら、単刀直入に、

I think I'm pregnant.（妊娠していると思うの）

と伝えます。pregnant は「妊娠している」という形容詞です。そして、

My period is three weeks late.（生理が3週間遅れてるわ）

というように、妊娠していると思う根拠を伝えましょう。

　男性の方は、こう言われて嬉しければ、

Wow! Really? I'm very happy.

（ええ！　ホント？　すごく嬉しいよ）

などと伝えます。

　こういうとき、どう反応をするかで彼女との今後に大きく影響してきますから、適切な対応が必要ですね。

　まず事実を確認したほうがいい、と思ったら、

Let's go to the doctor and get examined.

（医者に行って検査してもらおう）

と言います。

医者にも行って、妊娠がはっきりしたら、どうしたいかを2人で話し合う必要がありますね。

女性は、産みたいと思ったら、

I will keep the baby.（私は産むつもりよ）

と言います。

keep the baby は、「(すでに妊娠している女性が)おなかにいる子どもを堕胎せずに産む」ということ。マドンナのヒット曲 *Papa Don't Preach* の中にも出てきた表現でしたから、覚えている方もいらっしゃるのではないでしょうか。

国際恋愛の
鉄則
53

妊娠したら、どうしたいのか
しっかり自分の意志を伝えるべし。

妊娠した英語②

It's too early for me.

私には早すぎるわ。

❖ 事情があって今は産めない

妊娠したものの、まだ自分は母親になるには早すぎると思ったら、

I'm not ready to have a baby yet.

（私はまだ、赤ちゃんを産む気になれないわ）

と言います。be not ready to ～ は「～する準備ができていない」という決まり文句です。yet は not などの否定語と一緒になって「まだ（～ない）」。

It's too early for me.

（私には早すぎるわ）

と言ってもいいでしょう。その後に、

I want to continue my studies.

（学業を続けたいわ）

I don't want to give up my career.

（自分のキャリアをあきらめたくないの）

などと理由を説明してもいいでしょう。

studies は study の複数形です。ここでは名詞で「学業」の意味ですね。

このように女性に「産みたくない」と言われた場合男性は、たとえば、

I understand your point.（キミの言いたいことはわかるよ）

とまず言ってから、その後に自分の考えを伝えるのもいいでしょう。

どうしても産んでほしければ、

But I'd like to marry you. And let's take care of the baby together.

（でも僕はキミと結婚したいんだ。そして赤ちゃんの面倒は2人で一緒に見ていこう）

などと言えば、相手も気持ちを変えてくれるかもしれません。

2人が住んでいる国にもよりますが、西欧や北欧諸国などでは、日本と違って比較的、保育園など託児施設が充実していたり、育児休職が母親だけでなく父親にも認められていたり、大学までの教育費がタダだったりする国もあります。そのあたりの事情もよく調べてみましょう。

　しかし、相手とはただカジュアルなつきあいで、結婚するとか一緒に子育てをするとかいう将来をまったく考えられない場合、男性側も、その気持ちを正直に伝えなくてはならないケースがあるかもしれません。そういう際は、

I don't want to be a father yet.（僕はまだ父親になりたくない）

I'm not ready to be a father yet.

（父親になる心の準備はできてないんだ）

I'm sorry, but I cannot see any future with you.

（悪いけど、キミと一緒の将来なんて想像できない）

We are both too young. We should enjoy our life before having a baby.

（僕たちはまだ若いし、子どもを持つ前に自分たちの人生を楽しむべきだよ）

などのように言います。もちろん、これらのセリフは女性の側から男性に言ってもかまいません。

　女性に堕胎してほしければ、

Please get an abortion.（堕胎してくれ）

と頼みます。abortion は「堕胎」という名詞で、get an abortion で「堕胎させる、堕胎手術を受ける」ということです。

　逆に女性の方が、

I will get an abortion.（堕胎するわ）

と自分で相手に言うこともあるかもしれません。

男性に「父親にはなれない」とか「堕胎してほしい」と言われたら、

You are selfish!
(あなたって自分勝手ね！)

I hate you!
(大嫌い！)

How can you say that?
(どうしてそんなことが言えるの？)

などという言葉で、女性は怒りをぶつけるケースもあるでしょう。

I thought you love me and you would be happy to hear this news.
(私は、あなたが私を愛していて、この知らせを喜んでくれると思っていたのに)

I'm very sad. I didn't know that you can say such a cold thing.
(すごく悲しいわ。あなたがそんなに冷たいことを言える人だなんて知らなかった)

などとも言えます。

いずれにせよ、こんな不測の事態を避けるためには、SCENE11で書いたように、最初からセーフセックスを実践するのがベストですね。

もちろん、お互いが承知の上で計画的に子どもを作ったのなら、本当におめでたいことです。

国際恋愛の
鉄則
54

事情で産めない場合でも、誠実な対応を。

喜びを知らせる英語

We are going to have a baby.
僕らに子どもが生まれるんだ。

❖ 子どもができたことを友人や家族に知らせる

　自分たちに子どもができたことを、友人や家族など親しい人たちに知らせる表現と、それに対する返事の仕方を見ていきましょう。

　My wife is going to have a baby.
（妻に子どもが生まれるんだ）

　これは旦那さんが、友人などに奥さんのおめでたを伝える表現です。my wife を奥さんやパートナーの名前に入れ替えてもいいですし、we を主語にして、

　We are going to have a baby.
（僕らに子どもが生まれるんだ）

　と言ってもいいです。go to have a baby で、「赤ん坊を産む」ということ。
　妊娠している女性が自分で言うなら、

　I'm pregnant.（妊娠してるの）
　I'm going to be a mother.（私、母親になるの）
　We are going to be parents.（私たち、親になるの）

　などと言いましょう。
　逆に、このように言われた方は、

　Wow! That's great!（わ〜！　おめでとう！）
　Congratulations!（おめでとう！）

　などと言って、祝福の気持ちを伝えましょう。congratulations は、最後のsを付けることを忘れずに。

　You must be very happy!
（すごく嬉しいでしょ！）

　などと言ってみてもいいでしょう。

I'm very happy to hear that.（それを聞いて私も幸せよ）

と、「おめでたの知らせを聞いて自分も嬉しい」という気持ちを伝えるのもいいですね。

出産予定日をたずねるには、

When is the baby due?

（いつ生まれる予定？）

と言います。due は「〜する予定で」とか「〜することになっている」という意味の形容詞で be 動詞とともに使いますが、この文のように「赤ちゃんが出産予定で」という意味でも使います。こう聞かれたら、

The baby is due in September.
It is due in September.

（赤ちゃんは9月に生まれる予定よ）

のように答えます。baby は it という代名詞で受けます。もちろん、すでに性別がわかっているなら、it でなく、he や she を使っても OK です。

ちなみに「予定日」は due date と言います。これには「締切日；納期；期日」などの意味もあります。

国際恋愛の鉄則 55

おめでたの喜びは、友人や相手の家族とも分かち合おう！

> **実践アタック！ 聴く！効く！ 恋愛英会話**
> 「国際恋愛の現場」を想定した会話文で、実践トレーニングにアターック！ 登場人物になりきって音読して発話力を、CDを聴いてリスニング力を鍛えましょう。コウノトリがいつなんどきあなたのところへやってくるかわかりませんからネ！

妊娠を告げる

CD **46**

W: I have to tell you something important.
M: Okay...What's that?
W: I think I'm pregnant.
M: Really!? Wow! That's great! I'm so happy!
W: You aren't worried about our future?
M: No, not at all! This is great news. Let's call our parents!

女性: 大事な話があるの。
男性: いいよ…なんだい？
女性: 私、妊娠したみたい。
男性: ホント!? ワーオ！ ヤッタ〜！ すっごく嬉しいよ！
女性: 将来のこと、心配じゃないの？
男性: ぜんぜん!! すばらしいニュースだよ！ 両親に電話しよう！

産めないと告げる

CD **47**

W : I think I'm pregnant.
M : Really?
W : Yeah. My period is three weeks late.
M : I see. Let's go to the doctor and get a preagnancy test.
W : Okay. But I don't want to keep it, if I'm pregnant. I don't want to give up my career.
M : Well, let's talk about it after seeing the doctor.

女性：妊娠したみたい。
男性：ホント？
女性：ええ。生理が3週間遅れてるの。
男性：そうか。まあとにかく、医者に行って、妊娠の検査してもらおうよ。
女性：いいけど。でも、妊娠してたとしても、子どもを産む気はないの。自分のキャリアをあきらめたくないから。
男性：うん、まあ、医者に見てもらってからその話はしようよ。

友達に報告する

☆Mが日本人☆

M : We are going to have a baby.
W : Wow! Congratulations! When is it due?
M : It's due in April.

> 男性：もうすぐ僕らに赤ちゃんが生まれるんだ。
> 女性：わあ！ おめでとう！ 出産予定はいつ？
> 男性：4月さ。

友達に報告する

☆Wが日本人☆

W : I'm going to be a mother soon.
M : Really? That's great news! I'm very happy for you.
W : Thank you.
M : Your husband must be thrilled.
W : Yeah, when I told him the news, he literally danced with joy.

> 女性：もうすぐ母親になるの。
> 男性：ホント？ いいニュースだね！ それを聞いて僕も嬉しいよ。
> 女性：ありがとう。
> 男性：ご主人も大喜びだろうね。
> 女性：ええ、このことを伝えたとき、文字通り躍り上がって喜んでたわ。

おわりに

　いかがでした？　国際恋愛のためのさまざまな表現やエピソードなど、楽しんでいただけましたでしょうか？

　この本で紹介した表現を活用して、皆さん自身が外国人の恋人を見つけ、実際につきあい、その中で試行錯誤しながら、さらに会話力、コミュニケーション能力を磨いていってください。そして、ワクワクするような恋愛体験をしてくれたら、と思います。

　私自身、二十数年にわたってさまざまな国の異性と付き合ってきましたが、自分とは異なる文化の中で育った人との交際や同棲生活は、毎日が驚きに満ち、エキサイティングなものでした。そして今も、ドイツ人の妻と楽しい日々を送っています（もちろん、ときには"家庭内国際紛争"ボッパツの危機もあったりしますが、それもまあ、「国際関係の難しさを自ら体験できる貴重な機会だ」とポジティブにとらえ、なんとか乗り切っております…）。

　これから皆さんがされる国際恋愛が、本当に実り多いものとなりますよう、心から祈っています。

　最後になりましたが、本書の英文校正をしてくれたロクサン・モダフェリさん、会話CDの吹込みをしていただいたナレーターのみなさん、また、たくさんの有益なアドバイスをいただいた編集部の新谷祥子さんに感謝したいと思います。

　そして、かつて一緒に楽しいときを過ごしてくれた世界中の元ガールフレンドたちにも感謝をささげます。

2013年9月　　　　　　　　　　　　　　　　　　　　　　　　稲垣　收

● 著者紹介

稲垣 收 Inagaki Shu

1962年東京生まれ。慶応大学卒。語学月刊誌の副編集長を経てフリージャーナリスト、翻訳家。語学力とフットワークの軽さを活かし、旧ソ連やユーゴ内戦などを取材したり、世界中の格闘家や政治家、映画人などにインタビュー。WOWOWで「UFC －究極格闘技－」の解説者やドキュメンタリー翻訳も務める。世界中の女性と恋愛し、これまで付き合った女性の国籍は20カ国を超え、国際恋愛歴は25年以上。著書に『稲垣收の闘魂イングリッシュ』、『極真空手世界王者フィリオのすべて』、『まんが人物館 杉原千畝』（シナリオ執筆）、『留学 その現実と成功への道』ほか。訳書に『アウト・オブ・ＵＳＳＲ』（ジャック・サンダレスク著）、『俺たちのニッポン』（エバレット・ブラウン著）など。

カバーデザイン	滝デザイン事務所
本文デザイン／DTP	新藤昇
本文イラスト	田中斉
英文校正	Roxanne V. Modafferi

国際恋愛の鉄則55
男と女の LOVE × LOVE 英会話

平成21年（2009年）11月10日　初版第1刷発行
平成25年（2013年）10月10日　　　第2刷発行

著 者　稲垣 收
発行人　福田富与
発行所　有限会社　Ｊリサーチ出版
　　　　　〒166-0002　東京都杉並区高円寺北2-29-14-705
　　　　　電話 03(6808)8801㈹　FAX 03(5364)5310
　　　　　編集部 03(6808)8806
　　　　　http://www.jresearch.co.jp
印刷所　株式会社 シナノパブリッシングプレス

ISBN978-4-901429-99-3　禁無断転載。なお、乱丁・落丁はお取り替えいたします。